認知症ケアマネジメント

認知症の行動・心理症状に対処する技法

加瀬 裕子 著
早稲田大学人間科学学術院

株式会社 ワールドプランニング

はじめに

　認知症高齢者の増加は，高齢社会が抱える宿命ともいうべき現象である．85歳以上の高齢者が認知症を発症する率は，30％～41％以上ともいわれ[1]，戦後のベビーブームに生まれた団塊の世代が後期高齢者となる2025年以降は，さらに大きな社会問題になることが予想される．認知症高齢者の増加とその介護が困難な状況は，少子・高齢社会となったすべての国で起こっている共通の問題である．認知症を発症しても，人としての尊厳を保ち，長寿を祝うことのできる社会を築く政策は，欧米諸国ではすでに研究が進められてきた．特に，近年ではエビデンスに基づき，認知症を患った人自身に効果的で，社会経済的にも効率的な認知症ケアの方法が模索されてきた．

　高齢者の長期的ケアにおいては，効果的・効率的政策は，可能な限り不適切な施設入所や入院を防止し，自宅での生活を維持することである．この高齢者ケアの政策理念は，欧米諸国やオーストラリアでは1980年代後半に確立し，高齢者ケアは施設型から在宅型へと移行してきた．認知症高齢者の長期ケアについても，「できる限り住み慣れた自宅で」過ごせることが希望でもあり，社会的にもそのための施策が求められている．

　わが国においては，1970年代にはコミュニティケアの概念も紹介され，高齢者の長期ケアを在宅型にすることの重要性は中央社会福祉審議会答申等でも強調されていた．1983年には老人保健法が施行され，

高齢者の社会的入院による長期ケアを在宅ケアに転換することが試みられた．しかし，「高齢者保健福祉推進10ヵ年戦略」が実施されたにもかかわらず，その後約20年間，在宅サービス利用の平均像は，週2回，2時間ずつのホームヘルプ，というものであった．

　この様相は，2000年介護保険法施行により大きく変化した．在宅サービスの利用者は増加し，2015年3月現在378万人が何らかの在宅サービスを利用している．1か月あたりの介護給付費は6,623億円であり，そのうち3,367億円が在宅サービス給付費である[2]．

　在宅サービスは，サービスの種類が多いことに加えて，供給体も地域によってさまざまである．そこで，介護保険制法では，高齢者やその家族が複雑な在宅サービスの情報や利用についての支援を得られるように，ケアマネジメントを制度に組み込むことになる．ケアマネジメントが在宅ケアにとって不可欠のものであることは，欧米諸国の先進例で実証されており，わが国においてもケアマネジメントの有用性は発揮された．

　しかし，介護保険におけるケアマネジメントは，介護保険サービス内の提供調整である．ケアマネジメント本来の機能は，後述するようにシステム間のギャップを埋めて，縦割りのサービスを個人が使いこなせる形にして提供することである．したがって，ケアマネジメントとは，個人の総合的なニーズに継続的にこたえるものであり，その領域は住宅，所得，身体的健康，精神的健康，日常生活活動，社会的交流，移動，教育，法律面に及ぶ生活を支える技術である[3]．その点から考えると，介護保険のもとで行われているケアマネジメントはむしろ特異なものであり，ケアマネジメント本来の機能は位置づけられていない．言い換えれば，ケアマネジメントと定義できないような制度的枠組みのなかで，ケアマネジメントを行うことが求められている．その齟齬が現場のケアマネジャーに業務上の困難を強いる根本的原因のひとつとなっている．

とりわけ認知症を伴う利用者のケアマネジメントは，ケアマネジャーにとって専門性を必要とする業務である．認知症を発症した高齢者の生活は，介護保険のサービスとは異なるシステムとの連携を必要とする．介護保険法では，「医療との連携に十分配慮して」サービスを提供することが謳われているが，保険報酬として位置づけられている連携業務の範囲は非常に限定的である．

また，認知症患者の認知障害のレベルは段階を追って重度化し，その結果として日常生活のなかでの気分の障害も生じる．このような事態は，家族介護者の介護負担感に深刻な影響を与え，在宅生活の維持を困難にする．つまり，認知症のケアをマネジメントすることは，ケアマネジメントのなかでも高度な知識と技法が求められるものである．

それにもかかわらず，わが国では，認知症ケアガイドラインやマニュアルは作成されてはいるものの，研究の成果（エビデンス）に基づいた認知症ケアマネジメントの開発研究はほとんど行われていない．

認知症ケアについて，海外の文献研究を行うと，多くの論文で，認知障害の進度よりもかつては日常での問題行動とよばれた，認知症の行動・心理症状（behavioral and psychological symptoms of dementia；BPSD）の深刻さが施設入所時期を早めている，と報告されている．つまり，介護保険のケアマネジメント業務に限界はあるにせよ，BPSDの予防・対応に焦点をおいたケアマネジメントの技法を明らかにすることは，非常に重要である．おそらく，認知症ケアマネジメントの技法を解き明かす鍵は，介護現場にある．認知症ケア実践の場では，やみくもに認知症のある高齢者をケアしているわけではない．そこには，経験に基づいた方法があり，効果も上げている．しかし，残念なことに，認知症ケアの実践を方法論にまとめる研究を行い，経験知を理論化することができていない．

本書では，特定のBPSDに対して，認知症ケアの現場でどのような介入・対応が効果を上げたか，過去のBPSD改善事例を収集し，介入

や対応との関連性を明らかにすることを試みた．改善事例を収集した理由は，介入が限定できるからである．介護現場では，多くの認知症の事例で無数の介入が行われ，まったく効果がないとわかるまで数え切れないほどの種類の介入が行われた．そうであるならば，効果が表れた事例と行われた介入・対応の関係を特定することのほうが因果関係を見つけやすいのではないかと考えた．

本書の構成は，次のとおりである．

第1章で，国内外でケアマネジメントがどのように登場したかを述べ，在宅生活維持を目的としている技法であることを確認する．

第2章では，認知症ケアについて概要を述べたのちに，エビデンスに基づいた認知症ケアのガイドラインについて海外の先行研究の文献を研究した結果について述べる．

第3章では，認知症ケアマネジメントの個別事例を分析することで，介護保険下で行われている，認知症を患った高齢者に対するケアマネジメントの問題点と課題を探索する．

また，認知症ケアマネジメントが長期にわたる支援プロセスであり，認知症の段階に応じたBPSDへの対応を講じていくことが求められていることを明確にする．

第4章では，BPSDが改善した204事例について質的分析を行い，BPSDへの効果的アプローチの構造をモデル化することを試みる．

第5章では，介護施設で行われたBPSD改善の事例130を，統計的手法を用いて分析した．分析の結果，4群に分かれた施設入居者のBPSDの内容と効果的な介入行動について報告する．

第6章では，在宅高齢者のBPSD改善事例72を対象に，統計分析を行った．その結果，5群に分類されたBPSDの内容と効果的な介入・対応行動について検討する．

これらの改善事例の分析（第4章，第5章，第6章）から導き出された結果は，次のとおりである．

①認知症ケアマネジメントの実態を明確にすることができた．
②［介護側のコミュニケーションの改善］［健康面への介入・対応］［環境面への介入・対応］［能力を維持するための課題への介入・対応］［家族・介護者状況への介入・対応］［事業マネジメントの改善］が，認知症ケアマネジメントの構成要素であることが示された．
③攻撃性・行動性の高いBPSDか，混乱・失見当識に直接結びつくBPSDか，「幻視」等生理学的な原因によるBPSDか，の3類型によって，介入・対応を変える必要性が明らかになった．
④在宅の認知症高齢者への介入・対応では，施設での介入・対応と異なった関連が示されたが，ケアマネジャーによる家族介護者への支援の内容がサービス提供に偏在する傾向がみられた．

これらの知見は，先行研究の結果と一致しているだけでなく，先行研究ではあいまいであった特定のBPSDについて，効果的な介入・対応を示すことができた．調査の結果，明らかになった介入・対応方法については，いますぐにも実践に生かせるものが多い．介護保険サービスを提供する際に，本書が明らかにした内容をケアに生かすことができるはずである．また，この介入・対応の要素をケアマネジメントに組み込むことで，ケアマネジメントは認知症の段階に応じて，効果的なものとなると考える．施設関係者やケアマネジャーが本書を基に，実践に役立てていただけるなら，これに勝る喜びはない．

また，新たな研究方法の開発という点でも本書は独創性のある研究方法を提示したと自負している．従来，量的研究が行われていなかった認知症の行動・心理症状の研究に，統計的手法を活用したことは，学界からも評価をいただいた[4]．ケアマネジメント研究者や研究を志す大学院生の参考としていただき，認知症ケアマネジメントの研究が引き継がれるならば，幸いである．

【文献】

1) Alzheimer's Society：Dementia 2012. 4, A national Challenge, UK, 2012 (http://www.alzheimers.org.uk/site/scripts/documents_info.php?documentID=412, 2012.10.10).
2) 厚生労働省：介護保険事業報告（暫定）平成 27 年 4 月 (http://www.mhlw.go.jp/topics/igo/osirase/jigyo/m15/1504.html, 2015.12.10).
3) Maxly D：The Practice of Case Management. Sage Publications (1989).
4) 中野いく子：2012年度　学会回顧と展望　高齢者福祉部門. 社会福祉学, 54(3):155-164 (2013).

目 次

はじめに …………………………………………………………………………… 3

第1章 ケアマネジメントの概念と介護保険制度におけるケアマネジメント ……… 15
Ⅰ．ケアマネジメントと在宅ケア ……………………………………………… 15
 1．ケースマネジメントの成立 ……………………………………………… 15
  1）障害者への在宅ケアの進展とサービスを調整・統合する
   プログラムの登場 ……………………………………………………… 16
  2）高齢者の在宅ケアの進展とケースマネジメントの登場 ………… 18
 2．ケースマネジメントの展開 ……………………………………………… 22
  1）ケースマネジメントの機能 ………………………………………… 22
  2）ケースマネジメントの定義 ………………………………………… 23
  3）ケースマネジメントとケアマネジメント ………………………… 24
  4）在宅ケア先進国における高齢者を対象とするケアマネジ
   メント …………………………………………………………………… 25
 3．各国におけるケアマネジメントの共通機能 ………………………… 27
  1）サービス提供体からアセスメントを分離する機能 ……………… 27
  2）医療と介護を連携させる機能 ……………………………………… 28
  3）スクリーニングされた対象をできる限り在宅でケアする
   機能 ……………………………………………………………………… 29
Ⅱ．介護保険におけるケアマネジメント ……………………………………… 31

1．介護保険のケアマネジメント ……………………………… 31
　　　1）介護保険におけるケアマネジメントの定義 ……………… 31
　　　2）介護保険におけるケアマネジメント・ガイドライン …… 33
　　2．介護保険におけるケアマネジメントの問題点 ……………… 37
　　　1）給付管理業務としてのケアマネジメント ………………… 37
　　　2）ケアマネジメントとサービス提供体の不分離 …………… 38
　　　3）画一化されるケアマネジメント …………………………… 39

第2章 認知症ケアマネジメントのガイドライン ……………… 47
Ⅰ．認知症ケアの特性 ……………………………………………… 47
　　1．認知症の定義 ………………………………………………… 47
　　2．認知症の中核症状と周辺症状 ……………………………… 51
　　3．長期ケアとしての認知症 …………………………………… 53
Ⅱ．認知症のケアマネジメントについてのガイドライン ……… 57
　　1．エビデンスに基づく文献の収集 …………………………… 57
　　2．認知症ケアマネジメントのガイドライン ………………… 58
　　　1）ケアマネジメントの有効性1；介護負担軽減 …………… 60
　　　2）ケアマネジメントの有効性2；介護者教育 ……………… 60
　　　3）ケアマネジメントの有効性3；社会的ケア費用の削減 … 61
　　3．認知症アセスメントについてのガイドライン …………… 62
　　　1）認知症の発生率 ……………………………………………… 62
　　　2）認知症のアセスメント ……………………………………… 63
　　　3）認知機能障害のアセスメント ……………………………… 63
　　4．認知症ケアプランのアセスメントについてのガイドライン …… 65
　　　1）認知症患者の身体的状況のアセスメントとケアプラン … 65
　　　2）うつ病のアセスメントとケアプラン ……………………… 65
　　　3）認知症の行動・心理症状（BPSD）のアセスメントとケアプラン …… 66
　　　4）転倒予防のアセスメントとケアプラン …………………… 68

  5）施設入所のアセスメント ……………………………………………… 69
 5．家族・介護者のアセスメントと支援についてのガイドライン … 70
  1）介護することにより生じる諸影響のアセスメント ……………… 70
  2）家族介護者への支援プラン …………………………………………… 73
Ⅲ．認知症ケアガイドラインに関する文献研究の結論 ………………………… 77

第3章 認知症ケアマネジメントの実際 ……………………………………… 93
Ⅰ．本章の目的と方法 …………………………………………………………… 93
 1．目的と意義 ……………………………………………………………… 93
 2．事例の選定方法 ………………………………………………………… 94
 3．分析方法 ………………………………………………………………… 95
Ⅱ．事例の概要と経過 …………………………………………………………… 95
 1．事例の概要 ……………………………………………………………… 95
 2．事例の経過 ……………………………………………………………… 97
Ⅲ．事例の分析結果 ……………………………………………………………… 102
 1．居宅介護支援専門員（ケアマネジャー）の選定における
  形式的自由選択 ………………………………………………………… 102
 2．利用者による介護サービス選択と決定の支援 …………………… 102
 3．総合的意見によるアセスメントと評価 …………………………… 104
 4．モニタリングの実施 ………………………………………………… 104
 5．代弁機能（アドボカシー）の実施 ………………………………… 105
 6．利用者と家族との意見の相違の調整 ……………………………… 107
 7．在宅医療と居宅介護サービスの連携 ……………………………… 108
 8．家族によるBPSDへの対応 ………………………………………… 109
Ⅳ．分析の考察 …………………………………………………………………… 110
 1．ケアマネジャーの業務とケアマネジメント機能 ………………… 110
 2．再入院防止とケアマネジャーの医療的ケアについての
  知識の問題 ……………………………………………………………… 111

3．ケアマネジャーのBPSDについての認識 …………………… 114
Ⅴ．まとめ ……………………………………………………………… 115
Ⅵ．補論；その後の経過 ……………………………………………… 115

第4章 認知症ケアにおける効果的アプローチの構造 ………… 121
Ⅰ．研究の背景と目的 ………………………………………………… 121
　　1．BPSDの「生物学的要因」と「心理社会的要因」 …………… 122
　　2．研究の意義 ……………………………………………………… 123
　　3．倫理的配慮 ……………………………………………………… 123
Ⅱ．研究方法 …………………………………………………………… 124
　　1．調査の方法 ……………………………………………………… 124
　　　1）調査項目策定のための事例研究 …………………………… 124
　　　2）質問紙による調査の実施 …………………………………… 124
　　2．調査回答者 ……………………………………………………… 125
　　3．調査項目 ………………………………………………………… 125
Ⅲ．結　果 ……………………………………………………………… 126
　　1．調査対象者の基本属性 ………………………………………… 126
　　2．BPSDについて ………………………………………………… 127
　　3．介入・対応について …………………………………………… 127
　　　1）介護側のコミュニケーションの改善 ……………………… 130
　　　2）環境面への介入・対応 ……………………………………… 130
　　　3）健康面への介入・対応 ……………………………………… 130
　　　4）能力を維持するための課題への介入・対応 ……………… 131
　　　5）家族・介護者状況への介入・対応 ………………………… 131
　　　6）事業マネジメントの改善 …………………………………… 132
Ⅳ．考　察 ……………………………………………………………… 133
　　1．介入・対応モデル ……………………………………………… 133
　　2．非薬物的介入・対応を中心とする「身体的ケア」 ………… 134

         3．コミュニケーションを中心とした「心理的ケア」……………… 137
         4．環境への働きかけ ………………………………………………… 138
         5．心理社会的要因へのアプローチ ………………………………… 139
    Ⅴ．結　論 ……………………………………………………………………… 141

第5章 認知症の行動・心理症状と効果的な介入・対応の関連（量的分析1）…… 145
    Ⅰ．研究の背景と目的 ………………………………………………………… 145
    Ⅱ．研究方法 …………………………………………………………………… 147
         1．調査対象と調査方法，調査項目 ………………………………… 147
         2．分析方法 …………………………………………………………… 147
            1）分析対象 ……………………………………………………… 147
            2）変数の選定と作成 …………………………………………… 148
            3）解析方法 ……………………………………………………… 148
         3．倫理的配慮 ………………………………………………………… 148
    Ⅲ．結　果 ……………………………………………………………………… 148
         1．調査対象者の基本属性 …………………………………………… 148
         2．BPSDと介入行動の関連性 ……………………………………… 149
         3．関連するBPSDと介入行動の群 ………………………………… 152
    Ⅳ．考　察 ……………………………………………………………………… 155
         1．介入・対応と効果の複合性 ……………………………………… 155
         2．攻撃性のある症状への介入・対応効果 ………………………… 155
         3．混乱と失見当識の症状への介入・対応効果 …………………… 156
         4．刺激を回避する介入・対応の効果 ……………………………… 157
         5．被害妄想への介入・対応効果 …………………………………… 157
    Ⅴ．まとめ ……………………………………………………………………… 158

第6章 居宅介護における認知症の行動・心理症状への対応（量的分析2）……… 161
    Ⅰ．研究の背景と意義 ………………………………………………………… 161

Ⅱ．研究方法 ……………………………………………………………… 162
　　1．研究の方法，調査対象，倫理的配慮，調査項目，変数の
　　　選定と作成 ………………………………………………………… 162
　　2．分析対象者 ……………………………………………………… 162
　　3．解析方法 ………………………………………………………… 163
Ⅲ．結　果 ………………………………………………………………… 164
Ⅳ．考　察 ………………………………………………………………… 167
　　1．家族・介護者支援の効果 ……………………………………… 167
　　　1）サービス利用促進と教育 …………………………………… 167
　　　2）インフォーマル・ネットワーク支援の重要性と課題 …… 169
　　2．服薬の「調整と管理」の効果 ………………………………… 169
Ⅴ．結論と今後の課題 …………………………………………………… 170

第7章　総　括 ……………………………………………………………… 173
Ⅰ．認知症ケアマネジメントの実態 …………………………………… 173
Ⅱ．認知症ケアマネジメント開発と実証研究の重要性 ……………… 178
　　1）認知症ケアマネジメントのプロトコル ……………………… 178
　　2）BPSDを焦点とした研究の必要性 …………………………… 178
Ⅲ．BPSDを焦点とする認知症ケアの概要 …………………………… 179
　　1．質的研究の結果について ……………………………………… 179
　　2．量的研究の結果について ……………………………………… 180
Ⅳ．認知症を患う人を介護する家族への支援の現状 ………………… 182
Ⅴ．今後の研究課題 ……………………………………………………… 183

付録1　使用したガイドライン ………………………………………… 186
付録2　参考文献 ………………………………………………………… 186

第1章

ケアマネジメントの概念と介護保険制度におけるケアマネジメント

本章では,ケアマネジメント概念を定義し,介護保険保険におけるケアマネジメントがケアマネジメントとしては特異なものであり,そこに居宅介護支援事業者(ケアマネジャー)の業務遂行上の矛盾や困難が生じることを論じる.

Ⅰ. ケアマネジメントと在宅ケア

1. ケースマネジメントの成立

日常生活に長期的な支援を必要とする人々のためのサービス制度は,医療,介護,福祉などシステムごとにつくられている.しかし実際は,個人の日常生活は,衣食住から医療を受けることまで,切り離すことのできない一連の営みである.よって,個人の必要を満足するという観点をもって,縦割りで存在しているサービスを統合して提供していかなければ,効果的な生活支援が実現できない.

また,認知症の人の身体状況や介護者の状況の変化に合わせて,ケアの焦点や分担を変えることで,効率的なケアが可能となる.体調の悪いときには,多くのサービスを利用し,回復すれば減らすというよ

うに，時宜にかなったサービスと支援の体制が運営できれば，人々の在宅生活を効率的に支えることが可能となる．

このようにして，在宅ケアの効果と効率を高めるため，個人の事情に合わせて，サービスと支援のネットワークをつくり運営する方法が，1970年代半ばにアメリカに登場した．この方法は，ケースマネジメントとよばれたが，1980年代になって，欧米高齢者の長期ケアの分野で，徐々にケアマネジメントともよばれるようになった．ケアマネジメントは，複数のニーズをもち，複数の専門職がそのケアに関わらなければならないような人を対象に行われる在宅でのチームケアにとって，欠くことのできない技法である．

1) 障害者への在宅ケアの進展とサービスを調整・統合するプログラムの登場

60年代いわゆるケネディ時代に，アメリカでは精神保健や知的障害者の脱施設化運動と相まって，障害者の地域ケアが政策的焦点となり，公的資金による地域サービスが導入された．精神保健法（Mental Health Act），包括的精神保健法（Comprehensive Mental Health Act），経済機会モデルシティ事務所に関する法律（Office of Economic Opportunity Model City Legislation）など多くの地域サービスの課題ごとに，立法運動が起こった．これらの立法過程で以前にはバラバラであった，医療プログラム，福祉プログラム，精神保健プログラムを統合し，また，これらの機能を協調的にプランニングするプログラムを組み込むことが試みられた[1]．

しかしながら，1960年代に連邦政府が主導権をもって行った地域サービスの拡大は，1970年代には民間サービス機関がバラバラに開発する結果を招いてしまった．これらの機関は，それぞれ個別のサービス概念によって組織され，その結果，サービス提供システムは特化され，職業リハビリテーション，精神保健，児童福祉，発達障害のような多

様な分化した制度を形成した．

　1962年の精神遅滞者（mental retardation；現在は発達障害者）に関する大統領会議は，利用者が必要なサービスを保証されるように，サービスシステム・プランナーを設置して効果を上げるような「ケアの継続性」を提案した[2]．施設収容に反対し，別の選択肢を求める声への回答として，"A Proposed Program for National Action to Combat Mental Retardation"（精神遅滞と闘うために提案された全国行動プログラム）に盛り込まれたこれらの概念の多くは，今日ケースマネジメントとよばれる方法に類似している．このような政策動向の結果として，「サービスの統合（service integration）」という概念が生まれ，ヒューマンサービス・プログラム間に連携（リンケイジ）と調整の機能をもつプログラムを作り上げた．連邦主導の活動では，サービスを統合することのできるプログラムが確立し，そうしたプログラムがケースマネジメントの先駆けとなったのである．

　1971年健康・教育・福祉省長官のRichardson E.が「サービスの統合；次の段階」と題した覚書を明らかにした．サービス統合プログラムの目標は，①人々に最大利益をもたらす調整されたサービス提供，②個々の世帯単位に行われる全体的アプローチ，③地方における包括的な範囲でのサービス提供，④地方におけるニーズに対応する資源を地方レベルで合理的に配置すること，であった[3]．

　1971年に，Service Integration Target of Opportunity（SITO）とよばれる45のデモンストレーション事業が，州または地方の機関間連携（リンケイジ）を新しく確立するために開始された．これらの補助金のもとに，クライエント追跡システム，情報・送致システム，機関間プランニング，サービス提供合意，コンピュータ化された資源案内，マネジメント再組織プロジェクトを含む，多数の技術が開発され，デモンストレーションされた．SITO事業のいくつかは成功し，いくつかは失敗した．その要因は，第1に，精巧にデザインされた案では

あったが，実行困難であったこと，第2に，地方からパイロット事業に対する抵抗があったこと，第3に，3年間のパイロット事業後には連邦による研究と開発基金が引き上げられてしまった，という事情にあるとされている[4]．

ケースマネジメントは，1970年代後半から用語として確立し，1978年発達障害者の訓練と人権の宣言（PL95-602）と1980年精神保健体制法（PL96-398）によって法的根拠をもった．連邦政府はこれらの法により，障害をもつクライエントを支援し代弁を行い，サービスを調整する職員の人件費に対し，連邦基金からの支払いを認めた[5]．このような「脱施設化運動」のもとで，1955年に56.5万人であった州立精神病院の入院患者は，1985年には18万人以下となった[6]．

2）高齢者の在宅ケアの進展とケースマネジメントの登場

1965年にアメリカ合衆国連邦議会は，アメリカ高齢者法（Older Americans Act）を成立させ，連邦政府が州に対し，高齢者のためのコミュニティ・プランニング，社会サービス，研究・開発プロジェクト，専門職の人材育成のための補助金を交付するようになった．この法律により，高齢者のための在宅サービス（シニアセンターや食事サービス）が，公的資金補助により開始された[7]．

また，同年には，社会保障法が改正され，低所得者のための医療扶助であるメディケイド（medicaid）と高齢者のための医療保険メディケア（medicare）が創設される．メディケイドによって，低所得の高齢者がナーシングホームに入所したときの費用を公費で支払うことが可能となった．

高齢者の増大は，メディケイドを含む医療費の増大を生じさせ，国家財政上の問題と考えられるようになった．そこで，1975年に社会保障法第20章が創設され，施設型の高齢者ケアを在宅型に転換することを可能にした．また，連邦政府は一括補助金を支出して，州が社会

サービスを提供することになったが，この社会サービスには，デイケア，輸送サービス，教育訓練サービス，雇用促進サービス，食事サービス，住宅改修等があり，低所得者が対象ではあるが，高齢者以外にも地域ケアが行われるようになった．このときに，ケースマネジメントは，高齢者のための地域ケアを調整するサービスとして，社会サービスに含まれ，連邦補助金の対象となった[8]．

1981年，議会は"Home and Community-based Long Term Care Waiver Option"を制定し，州にナーシングホームの代わりとして，在宅と地域における長期ケアサービスを提供する権限を与えた．ナーシングホーム入所相当とアセスメントされた低所得者が，在宅で生活することを選んだ場合には，メディケイドで在宅ケア費用の支払いをすることができるようになった．

これは，「ナーシングホームから在宅ケアへ」の政策転換を示すものである．ナーシングホームは，病院から自宅への中間施設としての機能を強めている．図1-1は，ナーシングホーム退所数を滞在期間別に示したものである．1977年から1999年にかけて増加した退所数の95％は，3か月に満たない短期滞在者であったことを示している．スキルド・ナーシング・ファシリティ（skilled nursing facility；SNF）によるリハビリテーションの場としての機能を求めて，高齢者がナーシングホームを活用しているため退所も増加したものと思われる．SNFとは，急性期病院からの早期退院，在院日数短縮を政策としたため[9]，メディケア（高齢者医療保険）で約90～100日をめどにナーシングホームに入所することを認めたものである．

病院から自宅に復帰するまでの中間施設であるSNFができ，メディケアの公費によるナーシングホーム滞在が認められる以前には，ナーシングホームの費用は基本的に全額自己負担であり，メディケイド（生活保護の医療扶助）による入所を除けば，公費での入所は存在しなかった．SNFが実施されることにより，1977年から1999年にかけ

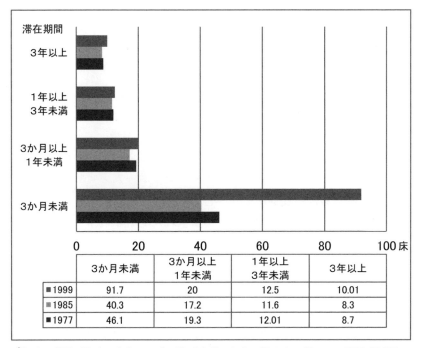

〔Decker FH：National Center for Health Statistics: Nursing Homes, 1977–99:What Has Changed, What Has Not? Facts from the National Nursing Home Surveys (http://www.cdc.gov/nchs/data/nnhsd/nursinghomes1977_99.pdf) 2015. 4. 15〕

図 1-1 アメリカにおけるナーシングホーム滞在期間別 100 床ごとの退所数 (1977〜1999)

てナーシングホーム退所割合は 56％伸びて，メディケアによる費用負担割合も 3 倍化した[10]．

　地域ケアの重要性は，さらに社会的に認識されるようになり，アメリカ高齢者法（Older Americans Act）は改正され，1984 年に地域ケアサービスを調整する役割が，州と地域高齢者機関（Area Agencies on Aging）にあることが明記された．1987 年，さらに虚弱な高齢者に対する在宅サービス，長期ケアオンブズマン，特別のニーズに対する援助，健康教育と健康促進，高齢者虐待・ネグレクト・搾取の防止，補

足的所得給付（supplemental security income；SSI）・医療扶助・フードスタンプ受給者に対する訪問活動の 6 つのサービスに費用を充てることを明確に認可した．同年，オムニバス予算調停法（Omnibus Budget Reconciliation Act）が成立し，介護職研修，手続きの調査と許可の手続き，入所前スクリーニング，精神疾患のある者に対する毎年の評価を行い，ナーシングホームを改革することが行われた[11]．

　メディケイドを在宅サービスにも使用可能とする事業などにおいて，在宅ケアを効果的に行うためにはサービスの連絡・調整が不可欠であった．高齢者の在宅生活上のニーズは多岐にわたるため，担当となった職員はサービスプログラム以外であっても，利用者の生命・生活を維持するために必要な物品やサービスを調達しなければならないことも起こった．当時のケースマネジメントの事例として，まず飲料水を確保することがマネジャーの仕事であったケースも報告されている[12]．

　また，80 年代の実験的事業に先駆けて，1970 年代前半からサンフランシスコの OnLok（安楽居）プログラムが，メディケイドとメディケアを組み合わせて在宅ケアを提供する事業を開始していた．この事業では，低所得者を対象に高齢者住宅とデイサービス，訪問看護，ホームヘルプサービス，食事宅配サービスなどを提供した．

　OnLok の事業は，1990 年に議会の承認を得て Program of All-inclusive Care for the Elderly（PACE）に発展するが，PACE はこの経過でケースマネジメントを活用し，学際的なチームアプローチ（interdisciplinary team approach）を運営・調整する要として，ケースマネジメント技法の確立に貢献したといわれている[13]．

　ちなみに，1980 年代には高齢者を対象とした急性期治療と長期ケアを繋ぐ全国的なデモンストレーション事業（National Long Term Care Channeling Demonstration）が行われ，ケースマネジメントの手法が必要とされた[14]．デモンストレーション事業のマイルストーンといわれた社会健康維持機構（Social

Health Maintenance Organizations; S/HMO) は，急性期ケアと長期ケアの統合的提供を進め，1980年代の4箇所でのデモンストレーション事業を経て，S/HMOは入院医療と長期ケアをケースマネジメントの手法で連動させることに本格的に乗り出した．1990年代には，連邦議会の承認を得て，第二世代となる6つのS/HMOに補助金が支出され，調整（コーディネーション）された急性期ケアが長期ケアサービスと一体のものとして提供されるようになる[15]．患者を急性期ケアから長期ケアにスムーズに移行させる方法は，マネージドケアとよばれるようになる．

2．ケースマネジメントの展開

1）ケースマネジメントの機能

これまで述べたように，ケースマネジメントは職業リハビリテーション，発達障害，精神障害，高齢者というように，異なる領域で，それぞれの必要性に応じて発達してきた技法であった．したがって，ケースマネジメントのあり方は多様であり，統一した定義はないといわれたが，ケースマネジメントの機能については，同一性を確認することができる．

ケースマネジメントは，当初，サービス調整とよばれていたが，Bertsche A. V.と Horejsi C. R.は，サービス調整者の役割を表1-1のように総括している[16]．

Johnson P.は，ケースマネジメントを，①アセスメント，②個別化したサービス計画の策定，③適切なサービスネットワークにクライエントを結びつけ，調整すること，④サービスの提供状況をモニターすること，⑤クライエントの代弁者となること，に類型化している[17]．

このように，ケースマネジメントは，段階を追って展開され，質の高いケアを達成するため，本人，家族，専門職などの役割分担を明ら

表 1-1 サービス調整者の役割

1. サービスの適性を調べるためにクライアントとその家族に初回面接を行う.
2. クライアント, 家族, そのほかの施設からクライアントとその家族に心理社会的なアセスメントをするために有用なデータを集める.
3. 関連した専門家とプログラム代表者, クライアントとその家族, そのほか重要な者を招集し, 目標および統合された計画を作成するために集団的討論と選択決定の会議をリードする.
4. 目標志向性と調整を維持するために, 行動システムにおける正確な情報の流れを計画し維持する.
5. クライアントの行動計画における一般的なトラブルシューターに対処し, サービス提供における予測できない問題を早く明らかにするために, クライアントとその家族を「追跡」する.
6. サービス提供における危機や衝突からクライアントとその家族を助けるために情報やカウンセリングを提供する.
7. クライアントとその家族に継続的な情緒的支援を提供することで, クライアントとその家族は問題により適切に対処できるようになり, 専門家や複雑なサービスを利用できる.
8. 計画の着実な進展を文書化し, その継続のために必要な書類を完成させる.
9. クライアントとその家族, すべての関係する専門家, プログラム, インフォーマル資源の連絡係として動き, 必要なサービスを保証する.
10. プログラム同士の連絡係として動き, サブシステム間の衝突を最小化し情報の流れをスムーズにすることを保証する.
11. 重要なフォーマルとインフォーマルな資源システムを現在および未来のクライアントに運用できるように, 信頼できるよい公的な関係を築き, 維持する.
12. クライアントと, サービス提供システムの効率性に影響するポリシーとを適正に発展させるために, 組織の効果的で「よい官僚主義」を実行する.
13. 権威的尊敬と支援を継続的に得ることで, 必要なときにほかの個人や機関がクライアントの行動システムに参加することを保証する.

かにし, ネットワーク全体がどのような方向で動くべきかの目標を示し, 実践をモニターし, ケアのあり方を見直していく技法である.

2) ケースマネジメントの定義

ケースマネジメントは, 既述のとおり, 障害児(者)や精神保健分野, 高齢者の在宅ケアなどさまざまな領域で発達した技法である. また, 時代や文化を反映して, さまざまな様相を呈している. よって,

ケースマネジメントをひとつの定義にまとめることは困難であるとされているが，共通の機能からケースマネジメントを把握する試みとして，次のような定義が存在している．

「ケースマネジメントは，クライエントと家族の最適な参加を得て，個々のクライエントの目標と目的を定め，達成するために，機関と専門ラインを通して資源の調整を行うことである」[18]

「ケースマネジメントとは，一度に何人かの援助者による助けを必要とするような，多くの問題の存在によって生活が不満足または非生産的なものになっている人々を援助する過程である」[19]

「複数のニーズをもった人々が社会生活機能や福祉を最大限に発揮し享受できることを目的として，フォーマルなサービスおよびインフォーマルな支援のネットワークを組織し，調整し，運営すること」[20]

つまり，「複数のニーズをもったクライエント」が，「複数のサービスや資源」を「最大限に活用」できるように「目標をもって」「調整」を行う過程が，ケースマネジメントであるといえよう．

3）ケースマネジメントとケアマネジメント

1970年代半ばに生まれたケースマネジメントは，しだいにケアマネジメントとよばれるようになった．イギリスのケアマネジャーのテキスト『ケアマネジメント；実践者の指針』は，「以前は，ケースマネジメントとよばれていた方法は，今日ではすべての政策指針・実践指針でケアマネジメントという用語が使用されるようになっている」とケースマネジメントとケアマネジメントが同一の方法であることを明記している．さらに「この用語の変更は，政策指針策定を議論する過程で起こった」と，変更が政策的に行われた事実について述べ，その理由は「人に問題があるのではなくケアに問題があり，マネージすべきは人（利用者）ではなくケアである」ことを強調するためであることが明示されている[21]．

つまり，イギリスではコミュニティケア政策にケースマネジメントの手法を取り入れる過程で，国民に受け入れられやすい言葉として，ケアマネジメントを採用した．このような考え方のもと，イギリスではケアマネジメント，アメリカではケースマネジメントが，在宅ケアを統合し連絡調整する方法を示す用語として定着した．その後，アメリカでも主として医療分野では，ケアマネジメントの用語が使用されるようになったが，ケースマネジメントの用語も長期ケアの分野では多く使用されている．また，カリフォルニア州では高齢者がホームレスになることを予防するケースマネジメントプログラムがあり，シニアセンターなどにケースマネジャーが配置されている．本書では，わが国の公的サービスで使われているという理由で，ケアマネジメントという用語を使用するが，それは基本的にケースマネジメントと同義である．

4）在宅ケア先進国における高齢者を対象とするケアマネジメント

高齢者の長期ケアの費用を抑制するという目的のために，先進諸国が共通して行った政策のひとつは，施設や入院によるケアから在宅ケアへの転換であった．したがって，在宅ケアを統合的に提供する方法であるケアマネジメントが各国で実施されている．

（1）アメリカ

アメリカでは，開業しているケアマネジャーを高齢者や家族が雇う場合も多くある．しかし，低所得の高齢者を対象に公費による在宅ケアが提供されており，そのような利用者には，地域高齢者機関（Area Agency on Aging；AAA）とよばれる非営利民間機関によるケアマネジメントが提供される．

1965年アメリカ高齢者法の成立とともに，連邦政府が地域で高齢者サービスのために財政支出をすることになり，AAAを各地域に設立した．予算は，連邦政府のAdministration on Aging を通じてAAAに

分配され，AAA が契約したサービス事業者に対価を支払う形で執行される．集会型食事サービスや家事サービスなどが提供されていたが，1980年代にメディケイド（医療扶助）を在宅ケアに支出できることが可能となり，AAA がケースマネジメントを担当するようになった[22]．

(2) イギリス

イギリスでは，1980年代に国立病院のベッドが高齢者に占有される現象（blocking bed）が起こり，緊急医療に支障をきたす状況が深刻化したため，在宅ケアへの移行が求められるようになった．

地域・在宅ケアへの移行をめぐっては，それまで公務員が医療と介護の直接サービスを担ってきたものを，民間事業者によるサービス提供を目指す方針が取られた．1990年の国民保健サービスおよびコミュニティケア法により，commissioner（ケア管理者）と provider（サービス提供者）が分離され，アセスメントとケアプラン作成については地方自治体が commissioner として責任をもち，サービス提供については，民間事業者が provider として担当することになった．イギリスでは，公費を使用して提供される在宅ケアの場合，サービス事業者は，大部分が民間非営利団体であるが，アセスメントとケアプラン作成を行うのは，ケアマネジャーである公務員の仕事である[23]．

(3) オーストラリア

オーストラリア政府は，かつて70歳以上の人口に対し10％のナーシングホーム定員を有していたように，施設中心の高齢者長期ケアを行っていたが，1985年に Home and Community Care Act（HACC）を制定し，地域ケアへの政策転換に着手した．「早期の不適切な施設入所を削減するために」Geriatric Assessment Team が地域ごとに編成され，施設入所の適否を高齢者専門医療の立場からアセスメントするようになった．このチームは，現在では Aged Care Assessment Team（ACAT）となり，オーストラリア全土に約120のチームがある．

HACC が制定されて以後，3年の間に，各地でケースマネジメント

を行う組織が登場した[24]．ビクトリア州では linkage，ニューサウスウェールズ州では community option とよばれ，在宅サービスを高齢者が効果的効率的に使えるように，ケアマネジャーが支援を行うものである．

(4) カナダ

カナダでは，多くの州でわが国の在宅介護支援センターに類似する Community Care Assessment Centre（CCAC）が設立され，アメリカの AAA 同様の民間独立組織によって運営されている．CCAC は，病院からの早期退院と入院患者の外来治療への移行を実現し，病院数を削減するという医療政策の目標に沿って，設置されたものである．サービス提供業者から独立して CCAC の職員によりケースマネジメントが行われ，在宅サービスについては，Call for Proposal とよばれる業者入札制度により，提供業者が決定される[25]．

3. 各国におけるケアマネジメントの共通機能

上記のようにケアマネジメントは，在宅ケアを推進しようとすれば必ず必要となる，在宅ケアを効果的・効率的に統合する方法である．その目的を遂行するため，在宅ケア先進国のケアマネジメントには，いくつかの共通する機能が見受けられる．

1）サービス提供体からアセスメントを分離する機能

在宅ケアを効率的に提供するために，ケアマネジメントの必要性が認められてきたと述べたが，その背景には長期ケアにかかるコスト問題が存在する．1980 年代以降，多くの国が新自由主義的政策を取り入れ，財政を効率的に運営するため，プライバタイゼーションの一環として，各種サービスの民営化が図られた．健康福祉サービス分野でも，イギリスの国営医療に代表されるような行政機関によって提供されて

いたサービスは，民間団体による運営に移行された．アメリカでは当初より民間会社や非営利民間団体によって健康・福祉サービスは提供されていたが，前述したように80年代に公費による在宅ケアが行われるようになった．

公費による在宅ケアではあるが，直接のサービスは民間団体から購入するとなると，サービスの監視・査定が必要である．実は，アメリカではサービス提供者の不祥事に対して利用者からの訴訟などが生じており，在宅サービスのモニタリングが公正に行われることが不可欠であった．

こうして，多くの国では，ケアマネジャーはサービス提供者とは区別され，その独立性・中立性を保つため，行政や第3セクターなどの組織に属している．イギリスのケアマネジャーは，ソーシャルサービス事務所の公務員，オーストラリアのACATは病院に属している公務員である．またカナダのCCACとアメリカのAAAは，第3セクターの非営利民間団体の職員となっている．

2) 医療と介護を連携させる機能

どこの国でも，医療と介護福祉サービスは異なるシステムで運営されてきた歴史をもち，双方のシステム間の橋渡しをする方策について工夫が重ねられてきた．ケアマネジメントは，システム間の連携を促進する現実的な手段である．

イギリスのケアマネジメントの指針では，イギリスにおける入院医療と在宅ケア，および入所施設の関係が大きく変化したと述べている．「入所施設やナーシングホームへの公的資金による措置に関わる退院に関しては，大きな変化が生じている．すなわち，病院当局は地域保健サービスに退院を知らせると同時に，地方自治体に公的資金によるケアが必要なケースについては可能な限り報告することが，義務づけられた」「入所施設ケアの支援を受ける地域保健サービスの

柔軟な展開は，病院でのケアへのニーズを減少させる．アセスメントに責任をもつ実践者は，現在と将来のニーズを念頭において，それぞれの措置を通じて達成されるケアの継続性に重点をおくべきである．その目的は，施設間の移動が患者・利用者に分断状況をもたらすことを少なくすることである」[26]

カナダ・オンタリオ州のコミュニティケア・アクセス・センター協会の報告書によると，ケアマネジャー（カナダではケースマネジャーという）はスペシャリストのチームとともにあって，効果的役割を果たせるとしている[27]．

「ケースマネジャーは，在宅ケアとプライマリ・ケアの専門職チーム（おそらくこれは，家庭医をリーダーとする）を統合的につなぐことを行う．慢性病マネジメントモデルのなかで，強力な役割を果たすことができる．ジェネラリストのケースマネジャーは，糖尿病，高血圧，高脂血症，変形性関節症のある患者のために，チームとともに働くことができる」

3) スクリーニングされた対象をできる限り在宅でケアする機能

ケアマネジメントの対象となる高齢者は，入院や入所の危険性の高く，チームによるケアが効果的なケースに限られている．オーストラリアでは，施設入所の申し込みがあると Aged Care Assessment Team（ACAT）が派遣され，在宅生活維持の可能性についてアセスメントが行われる．このチームは，老年科医，看護師，ソーシャルワーカー，理学療法士，作業療法士その他の専門職からなり，申請者が在宅で暮らせない状況であれば，軽度の介護施設（ホステル）か，高度の介護施設（ナーシングホーム）が適切か，を判定する．

在宅での生活を続けることが適当と認められれば，ACAT は在宅で暮らす方法についての助言を行い，在宅およびコミュニティケア（HACC）のサービス機関に送致する．軽度の介護施設の利用対象者であるが，

在宅生活が可能なレベルの高齢者に対しては，Community Aged Care Package または Extended Aged Care at Home（EACH）Package とよばれるサービスにつなぐ．これらのサービスは，1997 年の Aged Care Act によって在宅で施設にいるようなケアが利用できるように工夫されたもので，ケアプランの作成を含む統合的に提供される在宅サービスである[28]．

また，アメリカの州政府によるメディケイドと連邦政府のメディケアから支払われる定額給付による Program of All-inclusive Care for the Elderly（PACE）も，ナーシングホーム入所レベルであるとアセスメントされた高齢者で在宅生活を選択した人々を対象に在宅サービスが提供され，ケースマネジャーが調整を行う．同じメディケイドの在宅ケアでも，入所を防止することが目的となっていない場合には，在宅サービスのみが提供される．入所のリスクが高い人を対象とする PACE プログラムでは，ケースマネジメントと在宅ケアは一体化して提供される．つまり，ナーシングホームに入所するようなレベルの人々は，多くの在宅サービスを利用し，サービス間の調整が不可欠であるため，ケースマネジメントを切り離すことができないからである[29]．

イギリスでは，ケアマネジメントのレベル分けを行っており，デイケアやショートステイなどの単純な利用で済む利用者については，ケアマネジャーは訪問しない自治体もある．

このように，各国がケアマネジメントの対象をスクリーニングしているのは，ケアマネジャーの人件費が十分生かせるような効果の期待できるケースを選定するためであり，ニーズが単純な軽度のケースや重度で状況が変わらないケースについては，ケアマネジャーは派遣されないことが多い．余り軽度なケースと重度なケースでは，クライエントの状態変化が少なければケアチームが行うアセスメントが変動することが少ない．したがって，チームによる一定のアセスメントによるサービス実施を詳しくモニタリングして，アセスメントの適切性を

第1章　ケアマネジメントの概念と介護保険制度

確認し修正を求めるという，本来のケアマネジメントを行う必要性が少ないからである．

Ⅱ．介護保険におけるケアマネジメント

1．介護保険のケアマネジメント

2000年4月よりわが国で実施された介護保険では，サービス利用に際しては，ケアプランを立て，それに沿った介護サービス提供がなされた．このケアプラン策定は，介護支援サービスとよばれ，利用者が自宅でサービスを利用する場合は，居宅サービス計画，施設に入所している場合は，施設サービス計画が策定される．介護支援サービスは，介護支援専門員の資格がある者（ケアマネジャー）が行わなければならず，ここにはケアマネジメントの考え方が応用されている．

しかし，介護保険における居宅介護支援サービスはケアマネジメントの考え方に基づいたものであるにもかかわらず，実際には介護保険のサービスの調整で終わっており，入院医療や在宅医療サービス，またインフォーマルな支援の総合的活用が実現できる体制とはなっていない．

1）介護保険におけるケアマネジメントの定義

介護保険は，「第1章総則第2条」においてその運用の基本方針を次のように述べている[30]．

「第2条　介護保険は，被保険者の要介護状態又は要支援状態（以下「要介護状態等」という．）に関し，必要な保険給付を行うものとする．

2　前項の保険給付は，要介護状態等の軽減又は悪化の防止に資するよう行われるとともに，医療との連携に十分配慮して行わ

れなければならない．
　3　第1項の保険給付は，被保険者の心身の状況，その置かれている環境等に応じて，被保険者の選択に基づき，適切な保健医療サービス及び福祉サービスが，多様な事業者又は施設から，総合的かつ効率的に提供されるよう配慮して行われなければならない．
　4　第1項の保険給付の内容及び水準は，被保険者が要介護状態となった場合においても，可能な限り，その居宅において，その有する能力に応じ自立した日常生活を営むことができるように配慮されなければならない．」

つまり，介護保険給付を行うにあたっては，「要介護状態等の軽減又は悪化の防止」という目標をもって，「医療との連携」「被保険者の選択」「多様な事業者又は施設から総合的かつ効率的に」「可能な限り居宅で自立」することを目指さなければならない．介護保険は，他の高齢化先進国と同様に「在宅型」重視であり，在宅生活維持のためにはシステムを超えて「医療との連携」や「総合的かつ効率的」なサービスと支援のネットワークを個別利用者ごとに構築することが必要となる．

そこで，介護保険では介護保険サービスを利用する高齢者1人ひとりに「介護支援専門員」がついて，サービスプランを作成し，サービスに係る事業者の連絡と調整を担当している．介護保険法第7条では，「介護支援専門員」を次のように「サービス事業者等との連絡調整を行う者」と定義している．

「第7条　定義
　5　この法律において「介護支援専門員」とは，要介護者又は要支援者（以下「要介護者等」という．）からの相談に応じ，及び要介護者等がその心身の状況等に応じ適切な居宅サービス，地域密着型サービス，施設サービス，介護予防サービス又は地

域密着型介護予防サービスを利用できるよう市町村，居宅サービス事業を行う者，地域密着型サービス事業を行う者，介護保険施設，介護予防サービス事業を行う者，地域密着型介護予防サービス事業を行う者等との連絡調整等を行う者であって，要介護者等が自立した日常生活を営むのに必要な援助に関する専門的知識及び技術を有するものとして第69条の七第1項の介護支援専門員証の交付を受けたものをいう」

また，「介護支援専門員」は下記のように全国統一試験に合格し，研修を受けて登録をすることで，介護保険における業務を遂行する資格ができる．

「第69条の2　厚生労働省令で定める実務の経験を有する者であって，都道府県知事が厚生労働省令で定めるところにより行う試験（以下「介護支援専門員実務研修受講試験」という）に合格し，かつ，都道府県知事が厚生労働省令で定めるところにより行う研修（以下「介護支援専門員実務研修」という）の課程を修了したものは，厚生労働省令で定めるところにより，当該都道府県知事の登録を受けることができる」

2）介護保険におけるケアマネジメント・ガイドライン

居宅介護支援事業者のうち，都道府県知事により指定を受けた者を指定居宅介護支援事業者といい，介護保険の保険者（市町村）は，被保険者がこれらの事業所からサービスを提供された場合には，居宅介護サービス計画費を支払わねばならない（介護保険法第48条4項）．

指定居宅介護サービス計画費は，単にサービス計画を作成するための費用ではなく，サービス計画を実行していく際に生じるさまざまな問題に対処することが求められている．

その業務内容は，「指定居宅介護支援等の事業の人員及び運営に関する基準（平成11年3月31日厚生省令第38号；最終改正：平成24

年 3 月 13 日厚生労働省令第 30 号)」によって，定められている[31]．同基準の第 13 条に「指定居宅介護支援の具体的取扱方針」があり，介護保険におけるケアマネジャーの行動指針とされている．その内容をまとめると表 1-2 のとおりである．

　ケアの効果と効率を高めることを目的として，アセスメント→ケアプランの策定→サービスの実施→モニタリング→評価，の過程を繰り返し，利用者の状況の変化に合わせて，専門サービスとインフォーマルな支援のネットワークを形成・運営することが，「指定居宅介護支援等の事業の人員及び運営に関する基準（以下運営基準という）」第 13 条の第 1 項から第 18 項に明記されている．

　これにより，居宅介護支援専門員の業務はケアマネジメントであることが確認できる．しかし，「毎月 1 回以上の訪問面接」「担当者会議の開催」など細かい規定がある一方で，「主治医等の指示があるときに限り，計画に医療サービスを位置づける」「居宅サービスについて医学的留意事項が示されたときは，尊重してサービスを行う」というように，医療サービスについてはケアマネジャーの責任外であり，医師や医療機関の指示待ちである．介護保険における居宅介護支援サービスはケアマネジメントの考え方に基づくものであるにもかかわらず，実際には介護保険によって提供できるサービスの調整で終わっており，入院医療や保健サービス，またインフォーマルな支援の総合的活用を実現できる体制とはなっていない．

　つまり，サービス提供体からアセスメントを分離する機能，医療と介護を連携させる機能，また，スクリーニングされた対象をできる限り在宅でケアする機能という，在宅ケア先進諸国のケアマネジメントに共通の機能は，わが国の介護保険ケアマネジメントにおいては十分な位置づけを与えられていなかったといえよう．しかし，それでは，生活全体に問題の生じてくる認知症高齢者のケアマネジメントを行うことは困難である．

表1-2 指定居宅介護支援の具体的取扱方針

1. 介護支援専門員が居宅サービス計画を作成する．
2. 懇切丁寧に利用者またはその家族に対し，理解しやすいように説明を行う．
3. 継続的かつ計画的に指定居宅サービス等の利用が行われるようにする．
4. 介護給付等以外のサービスも含めて居宅サービス計画上に位置づける．
5. サービスの内容，利用料等の情報を適正に利用者またはその家族に提供する．
6. 自立した日常生活を営むように支援するうえで解決すべき課題を把握する．
7. アセスメントは，居宅を訪問し，利用者およびその家族に面接して行う．
8. もっとも適切なサービスの組合せを検討し，居宅サービス計画の原案を作成する．
9. サービス担当者会議を開催し，情報を共有し，専門的な意見を求める．
10. 居宅サービス計画の原案を説明し，文書により利用者の同意を得る．
11. 居宅サービス計画を利用者および担当者に交付する．
12. 計画の実施状況の把握を行い，変更，連絡調整その他の便宜の提供を行う．
13. モニタリングにあたっては，原則として次のように行う．
    イ．少なくとも1月に1回，利用者の居宅を訪問し，利用者に面接すること．
    ロ．少なくとも1月に1回，モニタリングの結果を記録すること．
14. 次の場合，担当者会議で，計画の変更の必要性について，意見を求める．
    イ．要介護認定を受けている利用者が要介護更新認定を受けた場合
    ロ．要介護認定を受けている利用者が要介護状態区分の変更の認定を受けた場合
15. 第3号から第11号までの規定は，居宅サービス計画の変更に準用する．
16. 入院・入所が必要な場合には，介護保険施設への紹介など便宜の提供を行う．
17. 退院または退所の依頼があれば，居宅サービス計画の作成等の援助を行う．
18. 医療サービスが必要なときには，利用者の同意を得て主治医等の意見を求める．
19. 主治医等の指示があるときに限り，計画に医療サービスを位置づける．居宅サービスについて医学的留意事項が示されたときは，尊重してサービスを行う．
20. ショートステイの利用は，要介護認定の有効期間の約半数以下にする．
21. 福祉用具貸与の利用の妥当性を検討し，必要な理由を計画に記載する．
22. 特定福祉用具販売を利用する場合は，必要な理由を計画に記載する．
23. 計画作成について認定審査会の意見等があれば，利用者に説明し理解を得る．
24. 利用者が要介護から要支援に認定変更された場合には，指定介護予防支援事業者と利用者に係る情報を提供する等の連携を図る．
25. 指定居宅介護支援事業所は，指定介護予防支援の業務委託を受けるときには，その業務量等を勘案し，業務が適正に実施できるよう配慮する．

介護保険施行まもなく，認知症高齢者の増加は介護保険の存続を左右しかねない問題であることが明白となり，厚生労働省は，2005年の介護保険改正に向けた議論のなかで「高齢者介護全体を，介護予防から終末期に至る全ステージで，痴呆性高齢者を標準とした仕様に転換」[32)]

する方針を確認した．

さらに，そのためには，「痴呆性高齢者に適したアセスメントとケアプランが作成されることが」必要であると考えられた[33]．こうして認知症ケアマネジメントの重要性が認識されるようになった．やがて，認知症ケアマネジメントの必要性について，認知症ケアにおける医療と介護の連携の必要性が強調されるようになった．

厚生労働省は「認知症の医療と生活の質を高める緊急プロジェクト」（2008年7月）において，これまでの介護サービスの提供を中心としたわが国の認知症対策に対して，医療と介護の密接な連携のもとで適切な医療サービス，介護サービスを提供するとともに，本人やその家族の生活を支援し，その質を向上するための施策の流れを確立することが必要であると指摘した．そのためには，①実態の把握，②研究開発の加速，③早期診断の推進と適切な医療の提供，④適切なケアの普及および本人・家族支援，⑤若年性認知症対策の推進が必要であり，この認識のもと，積極的に総合的な施策を推進する，とまとめている．

さらに，厚生労働省は「認知症施策推進総合戦略～認知症高齢者等にやさしい地域づくりに向けて～（新オレンジプラン）」を2015年1月に発表し，①認知症への理解を深めるための普及・啓発の推進，②認知症の容態に応じた適時・適切な医療・介護等の提供，③若年性認知症施策の強化，④認知症の人の介護者への支援，⑤認知症の人を含む高齢者にやさしい地域づくりの推進，⑥認知症の予防法，診断法，治療法，リハビリテーションモデル，介護モデル等の研究開発およびその成果の普及の推進，⑦認知症の人やその家族の視点の重視を柱としてしている．

そうであるならば，ケアマネジャーが「早期診断」を利用者に勧め，専門医と「適切な」連携を行い，利用者の生活を支えることを業務として明記し，介護保険報酬にもその業務時間を位置づけるべきである．2015年度の介護保険報酬居宅介護支援費では，入院時情報連携加算

(100単位か200単位)，退院・退所加算(300単位)，居宅緊急カンファレンス加算(200単位)があるものの，入院時情報連携加算は月1回，退院・退所加算は入院中に3回，居宅緊急カンファレンス加算は月2回が限度である．つまり，入院時と退院時にケアマネジャーが利用者を病院に訪ねた場合には，介護報酬に反映される可能性があるが，本人や家族とともにケアマネジャーが同席して，医師から外来クリニックにおいて病状説明を受けた場合には介護報酬は支払われない．このシステムでは認知症高齢者の療養上の注意事項は，家族を経由してケアマネジャーに伝えられることになるが，そうしたシステムのあり方が，従来から分離されていた医療と介護の壁になっているといえよう．

2. 介護保険におけるケアマネジメントの問題点

1) 給付管理業務としてのケアマネジメント

介護保険における居宅介護支援専門員(ケアマネジャー)の運営基準に明記されていないもうひとつの役割は，居宅サービス計画どおりサービスが提供されたかどうか，利用票を作成して国民健康保険連合会に報告することである．居宅介護支援専門員(ケアマネジャー)から提出された利用票とサービス事業者の請求書が一致する場合に，介護保険報酬が事業者に支払われる．

このことは，一見するとケアプランを作成し，サービス提供を監視・査察するという各国のケアマネジメントに共通の機能を担うようにみえる．しかし，逆に給付管理業務を行うため，すべての介護保険利用者に対してケアマネジャーをつけなければならず，本来ケアマネジメントの必要ではない利用者に対しても，ケアマネジメントを行わざるを得ない事態が生じる．在宅ケアチームで対応するような複数のニーズをもつクライエントにケアマネジメントが提供されるべきであると

いう定義と原則に反するシステムである．さらに，運営基準では，第13条13項で月1回の訪問をすべてのケースに行うことを義務づけている．

わが国独自の介護保険によるシステムは，ケアマネジャーの専門的判断に任せることを極力避けており，次に述べるように実質的にサービス提供体からの分離がなされず，アセスメントの統一基準を行政が指導・監査し，ケアプランを画一的なものにしている．

2) ケアマネジメントとサービス提供体の不分離

介護保険では，居宅介護支援専門員（ケアマネジャー）は民間の居宅介護支援事業所に所属する．2015年度現在の介護保険報酬によると，居宅介護支援費は要介護Ⅰ・Ⅱの利用者各1人につき月額1,042単位（約10,420円），要介護Ⅲ・Ⅳ・Ⅴでは月額1,353単位（約13,530円）と設定されており，ケアマネジャー1人が担当できる利用者数は35件である．35を超えても40未満であれば介護保険運営基準違反とはならないが，保険報酬減額の対象となる．また，介護予防・日常生活支援総合事業を受託していれば，要支援レベルの利用者を担当できるが，介護保険報酬月額は担当数に上限がある以上，40万円を超えることは困難である．この収入で事務所経費や各種間接経費を賄わなければならないため，同事業所を経営する法人の他事業からの利益を繰り入れなければ運営ができない．

したがって，前述のようにケアマネジャーには，給付管理機能が求められているにもかかわらず，実質的には，施設や訪問介護事業所など介護サービスを提供する経営体に依存している．そのためケアマネジメントとサービス提供体との不分離が起こり，不適切なサービス提供が生じる原因となっている．

不適切なサービスの一例として，人権侵害や虐待から利用者を守るというケアマネジメントの重要な機能が侵害されている事態を挙げる

ことができる．

　東京都北区で130人の認知症高齢者をマンションに収容し，日常的にベッドに身体を拘束していた事件が起きた．北区と東京都はこのうち95人について高齢者虐待防止法違反と認定した．この130人を担当していた西ヶ丘居宅介護支援事業所は，医療法人岩江クリニックに所属し，当該クリニックの医師の指示に従って利用者の身体拘束を数年にわたって認めてきた．東京都福祉保健局は，2015年2月17日，介護保険法第76条の2第1項第3号および第83条の2第1項第2号の規定に基づき，医療法人岩江クリニックが運営する指定居宅介護支援事業所および指定訪問介護事業所に対して，身体拘束について改善勧告を行った．しかし，当該医療法人が提出した改善計画が「入居者への拘束は今後，ヘルパーではなく，医師や看護師が行う」，東京都の指導には従うが北区の指導については「今後一切，協力しない」という内容だったため，北区は医療法人岩江クリニックからの改善計画を受理しなかったことを，同年3月9日に公表した[34]．

　厚生労働省は，居宅介護支援事業所がサービスの80％以上を特定の法人からのサービス利用に偏ったケアプランを立てる場合には，介護報酬減額の対象として所属法人に有利にならないように方策を講じているものの，サービス供給体との不分離は，このようにケアマネジメントが不適切なサービスをチェックする機能を失わせるものであることを示しているといえよう．

3）画一化されるケアマネジメント

　ケアマネジメントは，サービス利用者のニーズに基づき利用できる資源を最大限活用することを目的とする技法である．ケアマネジャーが行う専門的なニーズアセスメントは，利用者の心身や環境の状況によって利用者の機能を最大限発揮させるためにはなにが必要かという考えに基づいて行われるものである．ところが，介護保険は政策によ

るサービス利用の誘導がケアマネジメントに影響を与えるため，すべての地域において画一化されたケアプランが行われることになる．

たとえば，介護保険発足当初はサービス普及のために厚生労働省をはじめ行政は，各種サービスの利用を奨励していた．介護保険の検討が始まった1989年介護対策検討会報告においても「いつでも，どこでも的確で質のよいサービスを安心して，気軽に受けることができるよう」にすることが目的であると述べられていた[35]．さらに，「措置」から「契約」に制度が変わり「利用者の選択」が可能になったことが介護保険発足時には，強調された．当初は，介護保険料を払っている者としての利用の権利が強調され，特別養護老人ホームについても，個人の選択により，行政の審査なく申し込みの順番で入所することが可能になったほどであった．そのような背景があり，ケアマネジャーもサービス利用の促進に努めた．その結果，外出できる要支援レベルの利用者でさえも電動ギャッジベッドのレンタルサービスを利用していた．このような状況が生じたことにより多額の介護保険財政支出が生じたことは，介護保険が利用者の選択を優先して運営されるかのように説明していた政策担当側の責任であり，ケアマネジャーの問題ではない．

しかし，2004年12月22日に厚生労働省が明らかにした「介護保険改革の全体像」によると，「福祉用具の貸与」は，効果的でない不適切なサービスとして指摘されている．確かに，要介護度別の福祉用具の利用状況をみると，もっとも多く特殊寝台を利用している層は，要支援レベルの利用者であり，その割合は58％にも及んでいる．ちなみに2003年度の「福祉用具貸与の不正受給」は2億円であり，前年度が700万円であったことから不正受給が激増していると報道されたのである[36]．

このような状態のなか，厚生労働省が設置した高齢者リハビリテーション研究会は，「現状は，福祉用具の種目・機能情報の誤り，個々の

要介護者等の生活機能に適合させる技術の不足，実際の訓練や指導の未実施などが想定される．このような状況では，福祉用具・住宅改修の目的である要介護者等の自立支援に十分な効果を上げることは困難である」と報告している[37]．

つまり，不適切なサービス提供が行われた原因は，ケアマネジメントが不適切だったからであり，福祉用具の種目・機能情報の誤り，個々の要介護者等の生活機能に適合させる技術の不足，実際の訓練や指導の未実施にあると指摘されたわけである．その後，厚生労働省は介護保険ケアマネジャーに対し，福祉用具導入方法についての指導・監査を強化した．これは，介護保険現場では電動ギャッジベッドの「貸しはがし」とよばれている事態である．当時銀行で金融ローンを積極的に営業しながら急に返済を迫る事態が生じており，理不尽な返済要求が「貸しはがし」とよばれたが，その言葉が介護現場で援用されたものである．電動ギャッジベッドの「貸しはがし」は貸与された70万台中20万台に及んだといわれている[38]．

在宅介護サービスは，介護保険法施行以前は市町村に決定権があり，厚生労働者は地方自治体の提供する在宅介護サービス費用の半額を負担する形で行われていた．介護保険法成立に伴い，市町村は保険者ではあるものの，在宅サービスの内容と量については，厚生労働省が作成した87項目の調査票の結果をコンピュータによる統一基準で判断する方式に変更された．この1次判定は，複数の専門家による要介護認定審査会によって追認され，必要によって変更は可能だが，1次判定と異なる要介護度を採用する際には理由を届けなければならない．介護保険は，アセスメントに地域の状況を加味して地方自治体がアセスメントを行っているスウェーデンやイギリス等とは異なり，全国統一基準を前提としている．

したがって，厚生労働省は従来からケアマネジメントの方法にも細かい指導を行ってきた．その内容は，介護保険ケアマネジメントすべ

ての利用者宅をケアマネジャーが月1回以上訪問すること，また特定の事業者やサービスに偏らないケアプランを作成すること，ケアプランの「課題」に利用者の希望を書き込むことなどであった．利用者宅を月1回以上訪問することができていない，あるいは3種類以上の介護サービスがケアプランに盛り込まれていないと，居宅介護支援事業費としての介護保険報酬は減額されるようになった．また，多額のサービス費支出となる福祉用具貸与については，ケアプランなどの「適正化」を図るためのガイドラインを作成し，介護保険報酬の引き締めを計っていった．

　2005年改正以後は，介護サービスの内容に対する行政指導が一層強化され，監査によって禁止されているサービスが提供されていれたことが発覚すれば，介護報酬の不正受給として返還が請求された．また，家族のいる高齢者には生活援助は認めない，要支援レベルの高齢者には介護予防の目的でも訪問介護は週2回まで，などの行政指導が行われ，定型化されたケアプランが求められる現状である．

【文献】

1) Rice R：A cautionary view of allied services delivery. *Social Work*, 58：229 (1977).
2) President's Panel on Mental Retardation：A proposed program for national action to combat mental retardation. U.S. Government Printing Office, Washington D.C. (1962).
3) Richardson E：International memorandum; Service integration in HEW, An initial report. Department of Health, Education and Welfare, Washington D.C. (1971).
4) John D：Managing the human service system ; What we learned from services integration? Project Share, Washington D.C. (1976).
5) Doty P：Cost-Effectiveness of Home and Community-Based Long-Term Care Services. 3-4, U.S. Department of Health and Human Services (2000).

6) Johnson P : Case management. In The field of Social Work, ed. by Fink F, Pfouts J, Dobelstein A, 8th ed., 272-276, Sage Publications (1985).
7) Richardson H : Long-term Care. In Health Care Delivery in the United States, ed. by Kovner AR, 5th ed., 206, Springer Publishing Press Company, NY (1995).
8) Zawadski RT, Eng C : Case Management in Capitated Long-term Care. *Health Care Financing Review*, Annual Supplement : 75-81 (1988).
9) Deparment of Health and Welfare : The National Nursing Home Survey : 1999 Summary. *Vital and Health Statistics*, 13(152) (2002).
10) Decker FH, National Center for Health Statistics : Nursing Homes, 1977–99 ; What Has Changed, What Has Not? Facts from the National Nursing Home Surveys (http://www.cdc.gov/nchs/data/nnhsd/nursinghomes1977_99.pdf).
11) Brecher C : Government Role in Health. In Health Care Delivery in the United States, ed. by Kovner AR, 5th ed.,338-348, Springer Publishing Press Company, NY (1995).
12) ペルハム, クラーク編 (浅野・西尾監訳) : ケースマネージメント；老人に対する在宅ケアの実践例. 相川書房, 東京 (1987).
13) Zimmerman YA, Pemberton DA, Thomas L : Factors contributing to care management and decision making in the PACE model. Report submitted to the HCFA under contract No. HCFA, 500-91-0027, Abt Associates Inc., Cambridge, MA (1988).
14) Christianson JB, Applebaum RA, Carcagno G, Phillips B : Organizing and delivering case management services: Lessons from the National Long Term Care Channeling Demonstration. *Home health care services quarterly*, 9(1) : 7-27 (1988).
15) Kane RL, Kane RA, Finch M, Harrington C, Newcomer R, Miller N, Hulbert M : S/HMOs, the second generation: Building on the experience of the first social health maintenance organization demonstrations. *Journal of the American Geriatrics Society*, 45(1) : 101-107 (1997).
16) Bertsche AV, Horejsi CR : Coordination of client services. *Social Work*, 25(2) : 94-98 (1980).

17) Johnson P：Case management. In The field of Social Work, ed. by Fink F, Pfouts J, Dobelstein A, 8th ed., 279, Sage Publications, California (1985).
18) 冨安芳和：コロラド州における発達障害者のケース・マネジメント. 発達障害研究 (1987).
19) Ballow J, Mink J：Case Management in the Human Sciences．3 (1986).
20) Moxley DP：The Practice of Case Management. 12-15, Sage Publications, California (1989).
21) Department of Health Service Inspectorate, Scottish Office Social Service Group：Care management and Assessment; Manager's Guide. 3-4, HMSO (1991).
22) Older Americans Act (http://www.aoa.gov/AoARoot/AoA_Programs/OAA/index.aspx, 2012.10.20).
23) National Health Service and Community Care Act (http://www.legislation.gov.uk/ukpga/1990/19/contents, 2012.10.20).
24) Home and Community Care Review Working Group：First Triennial Review of the Home and Community Care Program. Australian Government Printing Service (1988).
25) Central East Local Health Integration Network：Our Report to the Community (http://www.ccac-ont.ca/Upload/ce/General/Annual%20Report_ 2011-12_FINAL.pdf, 2012.10.20).
26) イギリス保健省・スコットランド庁編（小田兼三, 青木佳之, 杉本敏夫監訳）：ケアマネジメント；実践者とマネジャーの指針. 190-192, 学苑社, 東京 (1996).
27) Caring for Adults with Long-term Health Needs in Ontario. 8, Ontario Association of Community Care Access Centres (2004) .
28) 加瀬裕子：介護保険の課題と展望；オーストラリアの在宅ケアとの比較から. 日本在宅ケア学会誌, 5(1) (2001).
29) Zawadski R, Ansak ML：Consolidating community-based long-term care: early returns from the on Lok demonstration. *Gerontologist*, 23(4)：364-369 (1983).
30) 介護保険法 2 条, 6 条, 69 条 (http://law.e-gov.go.jp/htmldata/H09/

H09HO123.html，2012.9.24）．
31）指定居宅介護支援等の事業の人員及び運営に関する基準（http://law.e-gov.go.jp/htmldata/H11/H11F03601000038.html，2012.9.24）．
32）高齢者介護研究会：2015年の高齢者介護；高齢者の尊厳を支えるケアの確立に向けて．(http://www.mhlw.go.jp/topics/kaigo/kentou/15kourei/index.html，2012.3.20)．
33）本間　昭，今井幸充，永田久美子，ほか：センター方式03版痴呆性高齢者用ケアマネジメントシートパック１人ひとりの尊厳を支える継続的ケアに向けて．老年精神医学雑誌，15(1)：79-100 (2004)．
34）朝日新聞デジタル：2015年3月10日記事 (http://www.asahi.com/articles/ASH396H90H39UUPI005.html，2015.6.12)．
35）介護保険検討委員会報告（平成元年12月14日）(http://www.ipss.go.jp/publication/j/shiryou/no.13/data/shiryou/syakaifukushi/392.pdf，2015.6.14)．
36）朝日新聞：2005年3月7日記事．
37）厚生労働省：高齢者リハビリテーション研究会報告書（2004）(http://www.mhlw.go.jp/shingi/2004/03/s0331-3e.html#5-1，2012.9.24)．
38）山内　繁：支援機器の開発；現状と課題 (http://www.dinf.ne.jp/doc/japanese/prdl/jsrd/norma/n347/n347003.html，2015.6.10)．

第 2 章

認知症ケアマネジメントのガイドライン

本章では，認知症の特性から，認知症ケアは長期にわたり病相も変化するため，適切な時期に適切な支援を提供するためのケアマネジメントの役割が重要であることを論じる．そのうえで，海外で開発された認知症ケアマネジメントのガイドラインを文献から研究し，欠かすことのできない要点を統合したガイドラインのプロトタイプ（原型）を作成する．

Ⅰ．認知症ケアの特性

1．認知症の定義

認知症とは，いったん発達した知的機能が低下して社会生活や職業生活に支障をきたす状態を表している．認知症の診断基準としては，表2-1に示したDSM-Ⅳ-TR（Diagnostic and Statistical Manual of Mental Disorders, Fourth Edition, Text Revision）精神障害の診断マニュアル（American Psychiatric Association, 2000）がもっとも多く使われている．精神疾患診断統計マニュアルは，DSM-5に2013年に改訂されているが認知症がより広い神経認知障害の概念と統合されてしま

表2-1　DSM-IV-TR精神障害の診断統計マニュアルによる認知症の診断基準

2.1.2　認知症の症状
認知症の症状として抽象思考の障害, 判断の障害, 失行, 失認, 失語, 実行機能障害などの認知障害は認知症の本質的な症状であり, 中核症状とよばれている. 妄想, 幻覚, 不安, 焦燥, せん妄, 睡眠障害, 多弁, 多動, 依存, 異食, 過食, 徘徊, 不潔, 暴力, 暴言など必ずしも認知障害といえない行動的な障害を周辺症状とよんでいる.
図1. 認知症の症状
A. 以下の2項目からなる認知障害が認められること
　1. 記憶障害(新しい情報を学習したり, かつて学習した情報を想起したりする能力の障害)
　2. 以下のうち1つあるいは複数の認知障害が認められること
　　a) 失語(言語障害)
　　b) 失行(運動機能は損なわれていないにもかかわらず, 動作を遂行することができない)
　　c) 失認(感覚機能は損なわれていないにもかかわらず, 対象を認識あるいは同定することができない)
　　d) 実行機能(計画を立てる, 組織立てる, 順序立てる, 抽象化する)の障害
B. 上記のA1, A2の記憶障害, 認知障害により社会生活上あるいは職業上明らかに支障をきたしており, 以前の水準からいちじるしく低下していること
C. 上記の記憶障害, 認知障害はせん妄の経過中のみに起こるものではないこと

ったことからわかり難いとされ, 厚生労働省ではDSM-IVを認知症診断基準としている[1]. つまり, 認知症は症候群であって, ある疾患の名前ではない. アルツハイマー病のような脳の器質的変化に起因する認知症は, 治療によって進行を止めることはできないが, 進行速度を緩やかにすることはできるのではないかと考えられ, 新薬の開発など, さまざまな試みがなされている.

しかし, 正常圧水頭症(特発性, 続発性), 慢性硬膜下血腫, 脳腫瘍, 脳内感染症, 脳血管炎症候群, ビタミン欠乏症, 甲状腺機能低下症, 副甲状腺疾患(機能低下, 機能亢進), 血糖異常(高血糖・低血糖), 肝疾患(肝性脳症), 腎疾患(尿毒症, 透析脳症), 肺性脳症, 電解質異常症, 薬物性, アルコール性, 金属中毒, 低酸素脳症など, ある種の認知障害は特定の神経疾患や内科的疾患によって引き起こさ

れ，治療が可能なものもある．

　また，DSM-Ⅳ-TRには，「せん妄」と「うつ状態（偽性認知症）」とアルツハイマー病との鑑別の要点が記載されており，「認知症疾患治療ガイドライン2010」にも「解説・エビデンス」として採用されている．

　要するに，認知症のケアマネジメントを行うにあたっては，第1に，DSM-Ⅳ-TRによっても，認知症とは「記憶障害，認知障害」が著しいことと，同時に「生活に支障をきたす」という2点から診断されることを認識することが重要である．第2に，治療が可能な認知障害の原因については早期に診断を得ることで「記憶障害，認知障害」を治療することを試みる必要がある．それでも原因が特定できない「記憶障害，認知障害」については認知症の疑いが強く，日常生活で「支障をきたす」状況についての情報が重要となる．これらのことを踏まえたうえで，認知症についての正しい診断と治療あるいはケアの方針を確立することが求められよう．

　わが国における認知症の発症率や原因については，一部の研究に基づくデータが公表されている．「認知症疾患治療ガイドライン 2010」では認知症有病率は「3.8%～11.0%」としているが，そのエビデンスは「長野県・神奈川県・沖縄県・長崎県・富山県の無作為抽出調査」と「福岡県久山町・香川県三木町・新潟県大和町・和歌山県花園村・新潟県糸魚川市・愛媛県中山町・京都府網野町・宮城県田尻・鳥取県大山町・島根県海士町の悉皆調査」（いずれも 65 歳以上の住民）であり，サンプル数も 201 から 7,847 と少なく，かつ2つの調査以外が 2000 年以前に行われたものである．また，厚生労働省が認知症高齢者の推計数として使用する 460 万人（2015）という数字も介護保険認定調査に基づく推計にすぎない．

　ただし，診療所やクリニック等で診断を受けた精神および行動障害のある患者については，統計データがあり，その数が判明している．

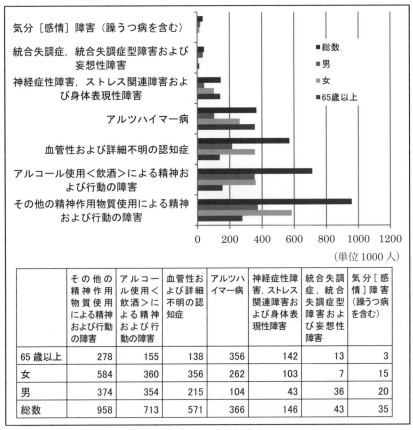

〔厚生労働省患者調査2011より筆者作成〕

図2-1 精神および行動障害のある患者数とアルツハイマー病の患者数

2011年患者調査によれば，精神および行動障害のある患者数とアルツハイマー病の患者数は，図2-1のとおりである[2]．

血管性および原因不詳の認知症とアルツハイマー病では，ほとんどの患者が高齢者であり，女性の割合が多い．65歳以上の精神および行動障害のある患者数とアルツハイマー病患者数を2011年高齢人口（2,975万人）に対する割合でみると，図2-2のようになる[2,3]．

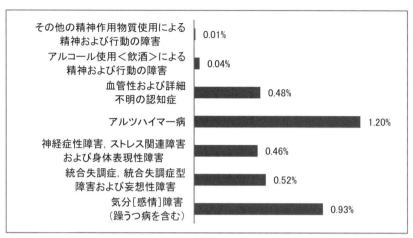

〔厚生労働省患者調査2011．総務省人口推計2011より筆者作成〕

図 2-2 高齢者人口に対する精神および行動障害の患者数とアルツハイマー病の患者数の割合

　これによると，アルツハイマー病（1.20％）と血管性および詳細不詳の認知症（0.48％）を合わせると，65歳以上の高齢者のうち2％弱が認知症患者であることになる．しかし，この数字は診断を受けた患者の数であり，厚生労働省のホームページ「みんなのメンタルヘルス」等で公表している高齢者人口に対する8～10％の認知症出現率という推計数を合わせて考えると，認知症高齢者で医療機関にかかって診断を受けているのは約2割にしかすぎないことになる．

　また，認知症の疾患別割合は，図2-3のように示されている[4]．

2. 認知症の中核症状と周辺症状

　認知症には，認知機能低下という中核症状と，周辺症状がある．わが国における認知症治療の最初のマニュアルのひとつである「アルツハイマー型痴呆の診断・治療マニュアル」は，「夜間せん妄」「幻視」「物

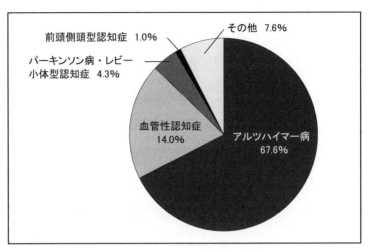

〔朝田 隆ほか(2013)「都市部における認知症有病率と認知症の生活機能障害への対応」
(http://www.tsukuba-psychiatry.com/wp-content/uploads/2013/06/H24Report_Part1.
pdf)〕

図 2-3 認知症の疾患別割合

盗られ妄想」「不眠」「徘徊」「目を離すとすぐ外に出て行こうとする」「介護に対する抵抗」「異食」「過食」「抑うつ状態」「ひとりにされると落ち着かなくなる」「心気」「攻撃的言動」「焦燥」を周辺症状として紹介している．周辺症状は，認知機能低下の結果生じる精神症状や行動障害であるが，逆に周辺症状が存在することによって，「認知機能低下に影響を及ぼす」ともいわれている[5]．1999 年以降，国際的な議論を経て，周辺症状は認知症の行動・心理症状 (behavioral and psychological symptoms of dementia；BPSD) とよばれるようになった[5]．

その当時，日本においても在宅認知症高齢者の 79％に何らかの BPSD が認められ，特に中等度の認知症での BPSD の発現率は 89.7％であった[6]．

在宅高齢者のための認知症ケアマネジメントを行うためには，BPSD への対応が不可欠であると思われる．その理由の第1は，認知症患者と家族にとってBPSDの存在が生活上最大の困難となるためである．国

際老年精神医学会 (International Psychogeriatric Association；IPA) はBPSDの治療こそ，「患者の苦悩を和らげ，家族の負担を減らし，社会的費用を抑える可能性をもっとも高くするもの」ととらえている[5]．第2の理由は，同様に多くの研究で，BPSDは施設入所のリスク要因であることが明らかにされている[7]ためである．可能な限り在宅生活を維持することが目的であるケアマネジメントにとって，BPSDの発生を予防し生活への影響を小さくすることが重要となる．

また，BPSDの発生は，認知症発症初期から最重度期に至るに従い，変化することが明らかになっている[8]．したがって，可能な限り在宅生活を維持することを目指す認知症患者のケアマネジメントでは，初期のうちからBPSDの予防と対応を視野に入れることは欠かすことのできない要素である．

3. 長期ケアとしての認知症

Reisbergは，認知症の進行を7段階に分類し，1段階から4段階までを初期，5，6段階を中期，7段階を後期とした（表2-2）[9]．認知障害による機能障害の進行を示した尺度であり，Functional Assessement Staging of Alzheimer's Disease (FAST) とよばれ，認知症患者の末期の定義にも使用されている．MMSE（ミニメンタルステート検査；Mini-Mental State Examination）では把握できない生活遂行上の困難度を把握する指標として，実践現場で活用されるツールである．

ただのもの忘れではなく，認知症であるとの診断を受けたときの驚愕，不安に象徴される初期段階から，認知障害が進行し日常生活上の困難が生じる中期には，BPSDが多発するといわれている．進行する認知障害へのリアクションとして，BPSDは7段階を通じて形を変えて発生し，認知症ケアの専門職も家族も対応を迫られることになる．このように長期にわたり変化する機能障害の程度に合わせ，適切な医

表 2-2 Reisberg による認知症の段階区分

初期　1. 主観的にも客観的にも困難は生じていない．
　　　2. 物の置き忘れについて訴える．主語を見つけられない．
　　　3. 仕事ができなくなっていることが同僚にも明白になる；新しい場所に行くことができない．組織立てて考える能力の減退．
　　　4. 複雑な仕事をする能力の減退；たとえば，客を食事に招く，家計を処理する（請求書の支払いを忘れる）買い物が困難になるなど．

中期　5. 日々や季節，場に合わせた適切な衣服を選ぶのに手助けを必要とする．
　　　6. a) 手助けなく，適切に衣服を着ることが困難になる．
　　　　 b) 適切に入浴することができない；たとえば，湯の温度を適切に調節できない．このようなことが過去数週間に時折，もしくは頻回に起こる．
　　　　 c) トイレの仕組みを使うことができない；たとえば，流すことを忘れる．トイレットペーパーで適切に拭くことができない，流すことができない．このようなことが過去数週間に時折，もしくは頻回に起こる．
　　　　 d) 尿失禁が時折，もしくは頻回に起こる．
　　　　 e) 便失禁が時折，もしくは頻回に起こる．

後期　7. a) 平均的な毎日で，あるいは集中したインタビューにおいて，話しをする能力がおよそ6語かそれ以下の異なる単語に限られてくる．
　　　　 b) 平均的な毎日で，あるいは集中したインタビューにおいて，話しをする能力が単一の簡単な単語を使用するものに限られてくる；その単語を何回も繰り返すだろう．
　　　　 c) ゆっくり歩く能力の喪失；介助なしには歩けない．
　　　　 d) 介助なしに立ち上がる能力の喪失；たとえば，いすに肘掛がなければ落ちてしまう．
　　　　 e) 微笑する能力の喪失．
　　　　 f) 自立して頭を持ち上げている能力の喪失．

〔Reisberg B：Functional Assessment Staging（FAST）．*Psychopharmacology Bulletin*, 24：653-659, 1988〕

療・介護サービスやインフォーマルな支援を構成し提供するためには，前章までに述べたように，制度やシステム間のギャップを超えて最善の生活を保障するケアマネジメントの手法が必要となる．

　認知症介護は，症状がしだいに進行し，最後は全面的な介護が必要となる長期的ケアである．わが国においても，臨床現場でアルツハイマー病の経過を標準化する試みがなされているが，その結果を表 2-3

表 2-3 標準的なアルツハイマー病の経過

1. 患者自身が自分のなかに起こっている異常に気づく.
   - 発症後約 1 年後に, もっとも身近な家族が患者の異常に気づく.
   - 発症後約 2 年後に医療機関を受診することが多い.
2. 数分から数日前の近時記憶の障害が主な軽度の時期が 2〜3 年続く.
3. 介護の山場である中等度の時期が 4〜5 年続く.
   - 即時記憶の障害や長期記憶の障害が加わる.
   - 見当識は, 時間, 場所, 人の見当識の順に障害される.
   - 日常生活の行為は, 仕事や調理など複雑な行為から障害される.
   - しだいに日々の暮らしに必要な行為(買い物, 掃除, 着替え, 入浴など)が, 数年後には排泄や食事など生命維持のための行為までもが障害される.
4. 発症後約 7 年で失禁が出現(重度)し, その後しばらくすると歩行障害が出現, 最期の半年〜2 年は寝たきりで過ごす.
   - 肺炎などの感染症や転倒・骨折など内科的な急性期対応が増加, 身体合併症との戦いが始まる(全身管理や身体症状の緩和が重要).
   - 嚥下反射が極度に低下, 消失し, 飲み込みができなくなる. 誤嚥性肺炎を繰り返し, 最期は治らない肺炎で死に至る.

〔平原佐斗司:チャレンジ!非がん疾患の緩和ケア. 60-61, 南山堂, 東京, 2011〕

に示す[10]. これによると, 認知症ケアは約 10 年間にわたる長期的なターミナルケアであり, 中核症状, 認知症の行動・心理症状 (BPSD) ともに段階を追って変化することがわかる.

認知症を患う人の末期が, 感染症や合併症, 嚥下障害への対応が必要になるとすれば, その医療は緩和ケアの領域である. 世界健康機構 (World Health Organization ; WHO) は, 緩和ケアについて次のように定義している[11].

「生命を脅かす疾患による問題に直面している患者とその家族に対して, 痛みやその他の身体的問題, 心理社会的問題, スピリチュアルな問題を早期に発見し, 的確なアセスメントと対処(治療・処置)を行うことによって, 苦しみを予防し, 和らげることで, クオリティ・オブ・ライフ (quality of life ; QOL) を改善するアプローチ」(日本ホスピス緩和ケア協会訳)

表 2-4 緩和ケアの内容

1. 痛みやその他の苦痛な症状から解放する
2. 生命を尊重し,死を自然の過程と認める
3. 死を早めたり,引き延ばしたりしない
4. 患者のためにケアの心理的,霊的側面を統合する
5. 死を迎えるまで患者が人生を積極的に生きてゆけるように支える
6. 家族が患者の病気や死別後の生活に適応できるように支える
7. 患者と家族(死別後のカウンセリングを含む)のニーズを満たすためにチームアプローチを適用する
8. QOLを高めて,病気の過程に良い影響を与える
9. 病気の早い段階にも適用する
10. 延命を目指すそのほかの治療(化学療法,放射線療法)とも結びつく
11. 臨床的な不快な合併症の理解とその対応の推進に必要な諸研究を含んでいる

〔日本ホスピス緩和ケア協会訳:緩和ケアの定義と歴史;WHO(世界保健機関)緩和ケアの定義(2002年)(http://www.hpcj.org/what/definition.html)〕

　緩和ケアは,ターミナルケア,ホスピスケアと同様に,がんのように治癒を目指した治療が有効でなくなった場合に必要とされるアプローチであるが,慢性病全般に応用されるようになり,最近では高齢者のエンド・オブ・ライフケアの概念は世界に広がっている[12].

　ちなみに,緩和ケアの具体的内容は表 2-4 に示すとおりである[11].高齢者の終末期にこのようなケアが必要とされることはいうまでもないが,これらの機能障害の段階的進行に対する行動上・心理上のリアクションが生じることは,当然と考えることができる.言い換えるなら,QOLの指標としてBPSDがあるということである.終末期に向かって,どの段階でも「QOLを改善する」ための試みを行う[13]とすれば,認知症の緩和ケアにとっては,BPSDの予防と削減は最重要課題となるのではないだろうか.

第2章 認知症ケアマネジメントのガイドライン　57

Ⅱ．認知症のケアマネジメントについてのガイドライン

1．エビデンスに基づく文献の収集

　認知症を患う人は，さまざまな側面で生活の継続に困難を生じるため，チームによるケアとケアマネジメントを必要とする．多くの場合，ケアマネジメントをする際に，生活の質を向上する要因は何であろうか．認知症の人々のケアマネジメントが目指すべき目標は，どのように設定することができるだろうか．そうしたガイドラインが示されていれば，介護支援専門員や家族が見通しをもって，時宜にかなったケアマネジメントを行うことが容易となろう．

　欧米で作成されたエビデンスに基づくガイドラインを明らかにするために，データベースからの文献検索を行った．MEDLINE, PsycINFO, Scopus を用いて，Alzheimer, dementia, care, case management, care management, caregiver, stress, education, cost, effectiveness, のキーワードで文献検索し，ハンドサーチにより補てんした．

　既存のガイドラインに使用されたシステマティック・レヴュー，メタアナリシスから文献を補てんし，ガイドラインを照合した．ガイドラインの書式に従い，認知症ケアマネジメントに必要なリサーチクエッション（RQ）に対する推奨を作成した．

　エビデンスのレベルは，第1に，システマティック・レヴューまたはメタアナリシス，第2に無作為比較試験，第3にコントロール群のある比較試験，第4に分析疫学的研究を採用し，これらの研究によって有効性が示されたものをガイドラインに採用した．単なる専門家の意見は，エビデンスとして採用しなかった．

　以下にこれまで欧米で行われた研究に基づく，認知症をもつ人々のケアに対するマネジメントのガイドラインの内容について記述する．なお，これはアセスメントやケアプランを作成するときに配慮すべき

ことではあるが，必ずしもケアマネジャーがすべて行うということを意味しない．医学的診断は医師，身体的アセスメントは看護職，心理社会的アセスメントは福祉職が担当すべきとされているが，専門領域を見極めて，適切な専門職に適切な依頼をすることがケアマネジメントの機能である．そのような観点から，認知症の人々のケアマネジメントの要点を列挙した．

2. 認知症ケアマネジメントのガイドライン

80年代前半に，アメリカにおいて在宅ケアとケアマネジメントの有効性についての大規模な実験事業が行われた．その内容は，入院または入所中の高齢者を退院・退所させ，在宅サービスとケースマネジメント・サービスを提供することで，患者の余命年数・日常生活動作能力の変化・生活満足度などの変化を測定するものであった．このような実験事業を行う試みが各地で行われ，報告書が刊行された．それらの報告書には，認知症患者を対象とするケアマネジメント手法の有効性についての研究結果が記載されている．

そこで本項では，まず80年代前半にアメリカで行われた認知症高齢者を対象とする在宅ケアとケアマネジメント（ケースマネジメント）事業の結果から明らかになったガイドラインとエビデンスについて探索した．

結果として，ケアマネジメントは，財政的効率化を図ることはできるが，一律に提供すれば効果が表れるような技法ではなく，家族介護者教育や支援によって有効性が現れることが示された．この時代に行われたケースマネジメント研究のなかには，規模と質において最近の研究を超えるものもあり，90年代に論文としてまとめられたこれらの調査研究の結果は，現在でもメタアナリシスやレヴューで採用されている．そうした論文は引用される回数も多く，古いという理由で無視

することはできないため，本項では 90 年代の論文であってもエビデンスとして採用することにした．

その後，Khanassov V と Vedel I が ケースマネジメントの効果について 2014 年までに出版された 54 研究論文のナラティブを統合し，メタアナリシスを行うというミックスド・メソッドによって，ケースマネジメントの効果を検証した．（なお，2016 年の時点で研究のうえでもケアマネジメントはケースマネジメントとよばれていることに注意したい．ただし，本書では，混乱を避けるために用語を統一しているので，本文中ではケアマネジメントと言い換えている．）

この Khanassov と Vedel の論文では，患者を中心とするケア（patient-centered care）の考え方から，改めて認知症の患者とその家族のニーズにケアマネジメントはこたえているか，という視点でこれまでのケースマネジメント研究をとらえ直している．これまでは，ケアマネジメントの効果についての研究は，サービス利用の増加や臨床的に明確な結果を出したかどうかを検証してきたが，認知症患者や家族が感じているニーズにケアマネジメントがどうこたえたかが重要である，と問題を提起している[14]．そのうえで，ケアマネジメントは認知症患者，家族介護者，およびその双方のニーズに，おおよそ対応できているということがこれまでの評価研究の結論であると述べている．

このような視点からの評価があることも踏まえたうえで，以下に，これまでの評価研究のエビデンスに基づくガイドラインを示す．

なお，problem behavior, behavioural disturbance, neuropsychiatric symptom 等の用語が使用されている際には，訳語のあとに BPSD と言い換えた．caregiver は，介護者と訳したが内容はインフォーマルな介護者であり，多くの場合，家族介護者を意味する．また，patients は，語感に沿って，認知症の人ではなく認知症患者と訳した．

1）ケアマネジメントの有効性1；介護負担軽減
●RQ1：ケアマネジメントは，認知症の人を介護する家族の負担を軽減するか．

(1) 推奨

　ケアマネジメントは，介護者の介護負担を軽減し，認知症のある人々の在宅生活を維持する方法として，画一化することはできない．ケアマネジャーがいることで，介護者の負担が軽くなると考えるべきではない．

(2) 推奨の根拠となったエビデンス
・家族介護者の介護負担軽減，うつ状態軽減にケアマネジメントは影響を与えているが，明確な改善に結びつくものではない[15]．
・ケアマネジメントは，認知症患者の心理的健康や安寧を向上し，満たされていなかったニードにこたえるという点で有意な効果がある一方で，介護者のストレスや介護負担の軽減については十分なエビデンスがない[16]．
・ケアマネジメントのスタイルは，患者の認知の程度に関連するのではなく，行動障害（BPSD），介護者の介護負担，サービス利用のあり方によって分化する[17]．
・ケアマネジメントは，短期的には施設入所のリスクを減らすが，単に在宅サービスを利用した場合と比較して効果があるかどうかは実証されていない[18]．
・プライマリ・ケアに連動して多職種チームの支援を受けることにより，認知症患者は，有意に認知症の行動・心理症状（BPSD）が少なくなり，その家族介護者は有意に悩みとうつ状態が改善した[19]．

2）ケアマネジメントの有効性2；介護者教育
●RQ2：ケアマネジメントは，認知症の人を介護する家族にとって役立つことがあるか．

(1) 推奨

　家族介護者のうつ状態を改善するためには，ケアマネジメントは有効であり，特に，家族介護者への心理的支援と，認知症についての介護者教育を焦点とするケアマネジメントが効果的である．

(2) 推奨の根拠となったエビデンス
- 情報の提供やサービスの紹介だけではなく，ケアマネジャーが介護者を心理的に支援し教育することで，介護者のうつ状態を改善できる[21]．
- BPSDへの対処方法を介護者に教育することは，特に配偶者が介護者となっている場合，効果がある[22]．
- 主たる家族介護者は，他の家族からの支援を得ることが少ない[22]．
- ケアマネジメントつきの在宅チームケアを受けたグループは，ケアマネジメントなしの同様のサービスを受けたグループより，長期に在宅生活維持ができた[23]．
- 家族介護者への支援効果は，家族介護者に積極的な参加を求める心理教育的な介入が最も大きかった[24]．

3) ケアマネジメントの有効性3；社会的ケア費用の削減

●RQ3：ケアマネジメントは，認知症ケアにかかる社会的費用を削減できるのか．

(1) 推奨

　認知症のある人の社会的ケア費用を効果的に運用するには，ケアマネジメントは有効である．特に，早期の合併症対策を含むケアプランが必要である．入院と外来の治療を組み合わせて，継続的治療をマネジメントすることで，入院と同等の改善を得ることができ，医療費の削減が可能である．

(2) 推奨の根拠となったエビデンス
- ケアマネジメントを活用することで，ケア経費全体の削減ができる[25]．

・認知症のある人々の糖尿病や心臓病などの合併症に注意し，早期に対策を立てることにより，ケア費用が削減できる [26]．
・攻撃性の行動障害がある認知症患者でも，入院と外来の治療を組み合わせることで，入院と同等の改善を得ることができ，医療費の削減が可能であった [27]．

　欧州圏では，ケアマネジメントの効果測定の研究というよりは，認知症ケアの内容についてのエビデンスのある研究を蓄積することが進んでおり，ケアマネジメントの焦点として活用することは有効であると思われた．そこで，MEDLINE, PsycINFO, Scopus を用いて，Alzheimer, dementia, care, prevalence, assessment, family caregiver, burdun, education, fall, institutionalization のキーワードで文献検索し，ケアガイドラインのエビデンスを収集した．その内容をケアマネジメントのプロセスに沿って以下に記述する．

3．認知症アセスメントについてのガイドライン
1）認知症の発生率
●RQ4：認知症の発生状況は，一般的にどのようなものか．
(1) 推奨
・年齢が増せば認知症の罹患率や有病率は増加することから，記憶障害を単なる老化によるもの忘れであると速断しないことが必要である．
・初老期における認知症発症の可能性に留意すべきである．
(2) 推奨の根拠となったエビデンス
・軽度な認知症は診断が難しいので，その罹患率を調査するのは困難である [28]．
・アルツハイマー型認知症は，年齢が上がれば，認知症状の病気診断が増加する傾向が強い [30]．
・17か国47調査の統合的分析によれば，60～69歳の1％が何らかの

原因による認知症で，その率は90〜95歳では39％に上昇する[30]．
・全世界で3,560万人が認知症であると推定されており，ほとんどの国で60歳以上人口の6〜7％に認知症が発症する[31]．
・認知症の罹患率は男性より女性が高いが，アルツハイマー型認知症は男性に多く出現する[32]．
・遅発性うつ病執行機能不全症候群の履歴があると，アルツハイマー型認知症に罹患するリスクが高まる[33]．
・認知症発症前の主観的な記憶障害の訴えは，有意に4〜5年後の認知症の発症に結び付いていた[34]．

2) 認知症のアセスメント
●RQ5：記憶障害は，認知症の始まりと考えてよいか．
(1) 推奨
・認知症が進行すると識見は減少するため，認知症患者から聴取した履歴は信用できなくなる．認知障害をアセスメントするには，患者と同様に介護者から記憶障害のヒストリーを求めるべきである．
・認知症や他の精神的症状（シンプルな妄想，幻覚，またはその両方）が同時に存在する可能性に配慮する．
(2) 推奨の根拠となったエビデンス
・初期の軽度認知障害（MCI）の人と，認知障害がなくても主観的な記憶障害を訴える人は，同程度にアルツハイマー型認知症のリスクに関連していた[35]．
・アルツハイマー病患者と年齢による記憶減退者の記憶困難の訴えには，差がない[36]．
・患者の記憶に関する家族の訴えは，認知症と相関する[37]．

3) 認知機能障害のアセスメント
●RQ6：認知機能障害を，どのようにして判断するか．

(1) 推奨
- 一般医師を含む保健医療の専門従事者は，認知障害の認定にスクリーニングテストの活用を考慮すべきである．
- ミニメンタルステート検査（Mini-Mental State Examination；MMSE），時計描写テスト，短縮されたメンタルテストなどの得点を知ることは，認知障害の認定に役立つ．日常生活を送るうえでの困難な点などは，家族からの情報を活用して，日常生活動作を測定するスコア表を完成させることが考慮されるべきである．

(2) 推奨の根拠となったエビデンス
- 正確さにわずかに欠けるが，プライマリ・ケアに用いるためにはMMSEを簡素化して使用することは可能である[38]．
- MMSEは，性別，年齢，教育，社会集団階層に影響される可能性がある[39,40]．
- MMSEは，正常な認知機能と軽度認知障害（MCI），軽度認知障害と認知症，認知症のステージを正確に区別できない[41,42]．
- 通常と異常，せん妄想のある者と認知症とせん妄が混合する者，認知症の者と認知症とせん妄が混合する者，認知症のない者とせん妄のある者を区別する際に，短縮したMMSEの得点は統計的に有効であった[43]．
- MMSEのようなスクリーニングツール，および神経心理学的検査は有効であり，短縮された認知検査法と情報提供者への構造化されたインタビューは有効である可能性が高い[44]．
- 時計描写テストは，年齢・教育・言語など交絡因子に注意して使用すれば，特に中度・重度の認知症をスクリーニングするツールとして適している[45,46]．
- 手段的日常生活動作での4領域の悪化は認知障害と非常に関連している．それらの領域とは，服薬管理，電話の使用，予算の管理，交通機関の利用である[47]．

・家族や情報提供者による認知障害の訴えを聞くための AD8 など短縮したツールは，有効である [48]．

4. 認知症ケアプランのアセスメントについてのガイドライン

1）認知症患者の身体的状況のアセスメントとケアプラン
●RQ7：認知症患者の身体的状況をどのようにしてアセスメントするか．
(1) 推奨
・専門職は，認知症の可逆的原因の存在に配慮するべきである．
・一般の者と同様の割合で，認知症患者は身体的疾病に罹るが，症状を訴えない傾向にある．認知症患者の身体的状況が，認知症の症状の原因となっていないかに注意する必要がある．
・赤血球沈降速度を含む血液学，生化学，血清カルシウムとリン酸塩，甲状腺機能，単純尿分析などの通常の検査が確実に行われていることを確認する必要がある．

(2) 推奨の根拠となったエビデンス
・少数の認知症患者は隠れた特異性があり，これが治療されたとすれば認知機能が向上する [49,50,51]．
・認知症患者が血液中のビタミン B_{12} が低下している場合には，ビタミン B_{12} を投与すると認知機能が改善する．しかし，そのような前駆症状がない場合に，ビタミン B_{12} 療法を行っても認知機能改善に結びつかない [52]．
・認知症の患者は一般的な身体的症状を訴えないが，一般の者と同様の疾病の罹患率を示す [53]．

2）うつ病のアセスメントとケアプラン
●RQ8：認知症患者のうつ病を，アセスメントすることは必要か．
(1) 推奨

- うつ病は，認知症の進行過程のどの段階でも疑うことができる．
- その経歴は認知症患者や介護者の両者から集めるべきである．
- 個人または家族のうつ症状歴，または死別や引っ越しなどの最近の不都合な出来事は，うつ病に密接に関連するリスク要因として考慮すべきである．
- 日常生活動作，機能レベル，混乱した行動のような明白な基準に対しては，抗うつ薬の試みを考えるべきである．

(2) 推奨の根拠となったエビデンス
- うつ病のある者および睡眠障害のある者は，うつ病のない者，睡眠障害のない者より，認知症の発生率が高い[54]．
- 検証された研究によれば，認知症患者のうつ病発生率はかなりの幅で異なる．認知症患者の 6.8–63.3％にうつ病が発生し，睡眠障害は 6.8〜63.3％，無気力症は 2.3〜18.5％に発生する．認知症患者のうつ病発症率は，認知症のない者より高い[55]．
- 85歳以上の認知症患者では，うつ病の発症率は 43％と認知症のない者の2倍であるが，抗うつ剤への反応は約50％で，治療効果に認知症の有無の差はない[56]．
- うつ病は，日常生活動作能力（ADL）や手段的日常生活動作能力（IADL）における障害を生じさせ，身体的障害は，さらに認知機能を低下させるが，うつ病が改善すると，生活に必要な認知能力の減退が時として改善することが起こる[57,58]．

3) 認知症の行動・心理症状（BPSD）のアセスメントとケアプラン
●RQ9：BPSDを，改善することは可能か．
(1) 推奨
- 急性的身体疾患，環境上の不備，または身体的不快感は，認知症の行動・心理症状（BPSD）の隠れた原因であり，薬物療法を行う前に，隠れた原因の有無を確認し，対策が講じられるべきである．

- 一般医は，可能であるならば，認知症の行動・心理症状（BPSD）を抑えるためのトランキライザーの日常的使用を行うべきではない．
- 危機状況下では，神経遮断薬の短期使用は適切であろう．
- レビー小体型認知症患者は神経遮断薬を用いて治療されるべきではない．
- 妄想と攻撃的な行動の間には関連があるので，その点を踏まえて攻撃的な行動を評価すべきである．
- ケアの状況や介護者（または施設でのケアチーム）の態度が行動障害に影響を与えていないか，配慮する．
- 運動を含む非薬物療法

(2) 推奨の根拠となったエビデンス

- 学際的アプローチは，認知症の行動・心理症状（BPSD）をもつ者に対しては効果がある [59,60]．
- 精神医学的ケアと身辺ケアの双方が必要な者には，精神医学・医療・環境のアセスメントと同時に，介護職に行動マネジメントの技法を教育することが，効果的である [61]．
- 認知症患者において，潜在的な急性の病気と攻撃的な行動の突発には関連がある [62,63]．
- レビー小体型認知症の大部分の者は神経遮断薬に敏感であり，かなりの者が激しい反応を経験する [64]．
- ドネペジール系薬は，軽度な BPSD には効果を示すが，中度・重度のアルツハイマー型認知症には効果がなかった [65]．
- 抗精神病薬は従来型，非定型ともに，BPSD を減少させる．特に，リスペリドンは興奮，攻撃性，精神病に効果を示す [66]．
- 非定型抗精神病薬による療法は，認知症の BPSD を抑える効果があるが，死亡率を高める．また，脳卒中，歩行障害，浮腫，眠気など副作用のリスクが高まる [67]．
- 抑肝散は，認知機能を向上させはしないが妄想，幻覚，興奮・攻

撃性を減少させる可能性がある [68].
・うつ病と前頭前野の機能不全による実行機能障害は，自律性を失わせ行動障害のトリガーとなっている [69].
・施設職員の業務に対する肯定的な気風のある施設は，業務に無理を感じている職員の施設より認知症患者の逃亡・落ち着きのなさ・徘徊の発生率が有意に低かった [70].
・BPSDは，認知症の心理的・社会的・生物学的要因の複雑な交互作用により，90％の認知症患者に起こる．BPSDをマネジメントするには，非薬物療法と薬物を注意深く使用する介入を組み合わせた方法が有効である [71].
・エクササイズは，BPSD改善にとって効果的である．特に，夜間の睡眠を促進し，鬱屈した気分，興奮，徘徊の改善に役立つ．幾つかの研究では，週数回，1回30分以上のウォーキング運動は有効であると報告されているが，研究方法が十分でないため確定はできない [72].

4) 転倒予防のアセスメントとケアプラン
●RQ10：認知症患者の転倒を予防するには，どのようなことが必要か．
(1) 推奨
・認知症のない高齢者に比べて認知症患者は転倒しやすいが，比較的に若い認知症患者，薬の使用をしている者，徘徊や興奮した行動を起こしやすい者は，転倒のリスクが高いので対策を講じる必要がある．
・認知症患者が転倒すると，骨折や入院，死に至ることも多くなるので，可能な限り軽体操などにより転倒予防を行うべきである．
(2) 推奨の根拠となったエビデンス
・認知症患者は薬によって転倒のリスクが高まる [73,74].
・抗精神病薬をやめることで転倒のリスクが減少した [75].

- 抗精神病薬や短時間に作用するベンゾジアゼピン系薬剤の使用は，転倒の発生に強く関連していた[76,77]．
- 認知症患者が転倒により大腿骨頸部骨折で入院するリスクは，認知症でない者より有意に大きく，関連して死に至るリスクも有意に大きい[78]．
- 徘徊は，比較的若い，興奮行動のある認知症患者に多く，転倒のリスクが高い[79]．
- 認知症のある介護施設居住者は，認知症のない居住者に比べて転倒することが多く，転倒が傷害につながるリスクもより高い[80]．
- 地域に暮らす認知症患者は，エクササイズ・プログラムを受けると，身体能力は向上しないが，転倒するリスクを減少させる可能性が高い[81]．

5）施設入所のアセスメント

●RQ11：どのような場合，認知症患者が施設入所するリスクが高まるか．

(1) 推奨

- 認知症患者が高齢であること，身体的介護の依存度が高いこと，BPSDがあることが，介護施設への入所リスクを増大させる．これらに対策や予防策を講じておくことが，早過ぎる施設入所を起こさないために必要である．
- 介護者のストレスやうつ状態は，介護力が限界にきていることを意味するかもしれない．介護者の状態を考慮せずに認知症患者の最適な在宅介護についてアセスメントすることはできない．
- 専門職は，訪問のたびに，介護者の生活満足度，認知症患者のBPSDの状態，または要求される介護課題についてアセスメントを行い，問題が発見された時は認知症患者，介護者，在宅ケアチームで，介護施設入所について話し合いを開始する適切なタイミングといえよう．

(2) 推奨の根拠となったエビデンス
- 85歳以上であること，トイレが使えないこと，バランス障害があること，ひとり暮らしであることが，介護施設入所リスクを増大させる4つの要因であることが特定された．これらの要因のリスクを有意に減少させるものは，移乗の能力の欠如，子どもの数が多いこと，当初のMMSEの数値が高いことであった[82]．
- BPSDは，放置すると疾患の進行を促進し，生活機能や生活の質を損ない，介護者の苦痛を増大させて早期の施設入所に繋がる結果を生む[83]．
- 過去に行われた80の研究によると，介護施設入所の認知症患者側の誘因は，認知障害の深刻さ，アルツハイマー型認知症であること，ADLの依存性，BPSD，うつ病であった．介護者側では，心理的なストレスがあり，入所させたい意思が強く，介護に「行き詰まり」感を感じている者が，より認知症患者を施設入所させる傾向にあった[84]．
- 3年間にわたる介護者研究では，より熟練した介護へのニード，介護者の健康，認知症患者の行動症状，より多くの援助へのニードが介護施設入所の誘因であった．施設入所が起きる前年に介護者が低い生活満足度を示していると，介護施設入所が生じた[85]．

5. 家族・介護者のアセスメントと支援についてのガイドライン

1) 介護することにより生じる諸影響のアセスメント
●RQ12：認知症患者を介護することは，介護者にどのような影響を及ぼすか．
(1) 推奨
- 専門職は認知症患者をケアすることによる影響が，どこに現れているかをよく理解する必要がある．もっとも影響を受けやすいの

は，介護者であり，認知症患者と同居をしている場合や，女性介護者や配偶者である場合には介護負担が多くなることに留意すべきである．
・介護者にうつ症状がないか注意する．
・多くの要因が介護者に影響を与える．介護者のストレス，傷つきやすさ，社会的ネットワークの低下，経済的問題が，介護負担を増加させる．
・認知障害の進行をもって，介護負担が大きいと判断することはできない．
・認知症患者の行動や態度にどのように認知症が出現するかによって，介護負担感の程度が決まる．
・BPSD の存在とそれに介護者がどのように対処しているか，対処できているかをアセスメントすることが必要である．
・BPSD は，介護者の負担感を増大させることで施設入所という結果を生じさせる．
・介護者に Zarit 負担感尺度の短縮版の質問をすることは，介護者の負担感を知るために役立つ．
・適切に個人にあわせた介入が介護者と患者の健康と安寧の向上を可能とする．

(2) 推奨の根拠となったエビデンス
・高齢者の介護者は，介護者でない者に比べて，うつ，ストレス，自尊感情，主観的安寧の点で差を生じるが，なかでも認知症を介護する介護者は，より差が大きい[86]．
・介護者の大部分は，女性で認知症のある家族を介護する者であった．介護者でない高齢者に比べて，介護をする高齢者はうつ症状がより多かった[87]．
・認知症患者の介護は，介護者の健康への否定的影響や早期の施設入所などの結果を生じていた．ジェンダー，患者との関係，文化，個

人的特性など多くの要因によって介護体験は影響を受けている[88]．
- 配偶者を介護する介護者は，子どもや義理の子どもである介護者に比べて，うつ症状や財政的・身体的負担が大きく，心理的安寧が低い[89]．
- 介護者の介護負担を増大させる要因は，女性であること，低学歴，介護を受ける認知症患者と同居していること，長時間の介護，うつ，社会的孤立，経済的ストレス，介護者となる以外の選択肢がないことである．質の高いメタアナリシスによって，心理社会的介入と薬物による介入が，介護負担と介護による苦痛を少しは削減することが実証されている[90]．
- 介護者の心理的不健康は，認知症患者の問題行動（BPSD），所得，主観的健康度，主観的ストレス，生活満足度に関連していた．介護者の身体的不健康は，認知症患者の問題行動（BPSD）と認知障害，介護者のうつ，不安，ソーシャルサポートに関連していた[91]．
- 1時間介護時間が増えると，インフォーマルな介護者の主観的健康度は0.56％減少する[92]．
- インフォーマル・ケアの量は，認知症の度合い，認知症患者の行動障害（BPSD）およびその対応に関連して増加していた[93]．
- 在宅介護する介護者にとってADLの依存度は介護時間を決定する主誘因であり，BPSDが介護負担に最も強い結果をもたらす誘因であった[94]．
- 要介護者の状態，介護者の属性，外的な支援をコントロールした後に，階層的回帰モデルで分析したところ，男性を介護する女性介護者の方が他の介護者に比べて負担感が高く，怒りのような特定の問題行動（BPSD）は，女性介護者により介護困難を生じさせていた[95]．
- 介護負担感を測定するZarit負担感尺度（ZBI）は，22項目を12

項目の短縮版，4項目のスクリーニング版にしても，統計性は完全版と同様であった[96]．
・認知症患者のBPSDは，介護者の介護負担，心理的苦痛，うつ病に弱い相関を示した．認知症患者のBPSDは，直ちに施設入所には結びつかず，介護者側の要因がより施設入所の誘因となることが示唆された[97]．

2）家族介護者への支援プラン
●RQ 13：どのような家族介護者支援を行えば，認知症患者ができる限り住み慣れたところで生活することができるか．

(1) 推奨
・うつ病は認知症患者の家族介護者に普通に現れ，ケアを受ける者の状況によって影響を受ける．認知症の行動・心理症状（BPSD）のある患者やケアニーズの高い患者を介護する家族については，介護者がうつ症状を表していないか，うつ病の可能性に留意する．
・認知機能の障害の程度にかかわらず，BPSDの深刻さや，介護者がその影響を受けることにより，在宅介護を維持できなくなる．認知症患者と介護者をユニットとして考える支援が必要である．
・家族介護者への心理社会的介入は，家族介護者の心理的健康に寄与し，認知症患者の在宅生活をより長くさせることができるかもしれない．
・認知症患者の個別性に合わせたBPSDへの対処方法やBPSD改善のマネジメントについて，家族介護者が学ぶための支援をすることは，有効である．
・主介護者が，孤立せず，他の家族からの支援を受けることは在宅介護を継続させる要件である．家族がインフォーマル・ケアを適切に分担する介護体制が必要である．
・日々の介護サービスを提供する専門職の関わりが，家族介護者に満

足感や安心感を与える．
・認知症の早期診断が実現すると，早期に介護者を支援することが可能になる．この時期に認知症についての知識や介護の方法，介護サービス利用の知識を得て，介護の見通しをもつことは，家族介護者にとって有益である．
・認知症患者にショートステイやホームヘルプサービス，デイケアを紹介することは，認知症患者がより長く自宅生活を持続することにつながる可能性がある．
・施設に入所させるという意思決定は，家族に罪悪感を生じさせるかもしれない．入所前後の関わり方を含めて，専門職は介護の移行期に家族を支援することを，視野に入れておくべきである．

(2) 推奨の根拠となったエビデンス
・認知症患者の介護者には，うつ障害が発生しやすい[98]．
・介護サービスの提供のような，介護者の新たなうつ病の出現を防ぎ，うつ病の診断と治療を勧める，エビデンスに基づくガイドラインが既にある[99]．
・教育プログラムは，介護負担軽減にはささやかな効果があり，介護者のうつにはやや効果があった[100]．
・認知症患者のBPSDは，介護者の介護負担，心理的苦痛，うつ病に弱い相関を示した．認知症患者のBPSDは，直ちに施設入所には結びつかず，介護者側の要因がより施設入所の誘因となることが示唆された[101]．
・排泄，着替え，失禁の依存が在宅高齢者に比べて施設入所者に多い．せん妄，幻覚，興奮，不安，無気力，落ち着きない動作，昼夜逆転，異食もまた，施設入所者に多い．最近の施設入所では，排泄と落ち着きない動作が有意な要因であった[102]．
・認知症介護にとっての危機状況は，認知症患者本人，介護者，在宅ケア専門職など，立場によりさまざまに捉えられているが，徘

徊，転倒，感染症が，共通した高いリスク要因であった[103]．
- 徘徊は，異なる理由により生じる多様な行動であり，ある個人のある状況に有効な方法がすべての認知症患者に有効だとは限らない．ウォーキングやアロマセラピーが効果的で倫理的にも受け入れられる方法であるが，非薬物的療法を推奨できるほどのエビデンスはいまのところみられない[104]．
- これまでの研究は，徘徊がなぜ，どのようなときに起こるかを十分に説明できていない[105]．
- より認知機能が低いこと，より身体的機能が低いこと，神経精神症状（BPSD）が多いこと，また，これらが急速に衰えることが，短期間に施設入所を誘引する要因であった[106]．
- 欧州8か国の調査によると，認知症患者の施設入所の理由は複数であり，諸国の制度や文化の違いがみられた．認知症患者側の理由は，神経精神症状（BPSD）25％，ケア依存24％，認知機能低下19％であり，介護者側の理由は介護負担とインフォーマルな介護者のケア能力不足が各15％であった[107]．
- 介護者の社会的な立場や認知症患者との関係，ストレス，資源により施設入所の誘因は異なる[108]．
- 認知症患者と介護者の特性が，施設入所の決定要因であり，介護者の介護負担や認知症患者の困難な行動（BPSD）を削減するような介入が，入所を遅らせる[109]．
- 本人の行動に中心をおいた個別行動マネジメント療法を行うと，家族介護者のうつ症状が32か月の間に軽減した[110]．
- 介護者に，行動への対処方略を教えることは，個別か集団で行うかを問わず，心理的健康向上の効果がある[111]．
- 認知症患者のデイケア利用は施設入所を遅らせる効果がある[112]．
- 在宅訪問ケアの利用は，認知症患者の死亡率と長期ケア施設への入所を削減する[113]．

- アルツハイマー型認知症患者の介護者のストレスは，介護者のレジリエンス（心理的耐性）に否定的な影響を与える．最も介護者のレジリエンスを高めるものは，家族によるサポートであった．社会的サポートで緩和因子となるものは，日々の実践家によるサービス提供が，家族的で仲間による支援関係を活用するかのように行われることである[114]．
- 前頭側頭型認知症については，エビデンスのある介入方法が非薬物的療法・薬物療法ともに確立されていない段階であり，介護者への教育とサポートが現在のところ最も重要な臨床的対応である[115]．
- 家族介護者への心理社会的介入は，負担を減らすことはないが，心理的不健康を軽減し，認知症患者の在宅生活をより維持させることができる[116]．
- 非薬物的療法については，複数の内容からなる介護者への介入が施設入所を遅らせることができている．また，非薬物的療法は，認知症患者の認知機能・ADL・行動・気分・生活の質（QOL）の向上，および拘束の防止に有効であった．さらに，介護者の気分・心理的安寧・QOLの向上に効果があった[117]．
- 軽度認知障害（MCI）は，65歳以上人口の10％から20％に生じ，男性に比較的多く，年齢とともに増加する．専門家は，認知機能を低下させる，うつ病，多剤服用，心血管系のリスクについて考慮すべきである．現在のところ，MCIの薬について有効性は証明されていない．治療と介入にあたっては，心血管系のリスクを減らし，脳血管障害を予防する方法を目指すべきである[118]．
- 認知症が軽度な時期に，複数の内容から構成された介入を介護者に行うと，介護者の安寧を向上し施設入所を遅らせることに効果がある[119]．
- 軽度認知障害の前駆症状（A-MCI）があっても，新しい情報や記

憶の方略を学ぶことは可能である．標準化された神経心理学のテストによるエビデンスではないが，標準化されない認知尺度や主観的な尺度による測定では，効果は有意であった[120]．
・少なくとも3人に1人の介護者は，施設入所の決定をしたのちに，ストレスや罪悪感，正しい決定だったかどうかについての疑惑など，否定的な感情を経験する[121]．

Ⅲ. 認知症ケアガイドラインに関する文献研究の結論

　認知症ケアガイドラインに関する文献研究の結果，各国でエビデンスに基づいたガイドラインづくりが進んでいることがわかった．90年代後半から始まったエビデンスに基づいたガイドラインづくりは，10年のうちにメタアナリシスやシステマティック・レヴューが多く行われるようになり，さらに進展した．収集できたエビデンスのある認知症のケアガイドラインに沿った，わが国でも実施可能な認知症ケアマネジメントのプロトコルとは，以下のようなものである．

　ケアマネジメントは，ケアの社会的費用を削減し家族介護者の介護負担を軽減し，在宅生活を維持する効果があるが，BPSDの程度によりケアマネジメントの焦点は変わる．

　認知症が疑われたときには，記憶障害だけでなく生活機能喪失の履歴に注意し，医療機関の受診にあたっては，家族からの情報が伝えられるように留意する．治療可能な身体的症状が認知症の原因となっている場合があるため，早期に認知症の医学的診断を得ることは大切である．また，MMSE短縮版やAD8などの簡易なツールを活用することは，認知症の診断に有効である．

　本人の疾患，特に糖尿病や心臓病，また認知機能低下に影響を与える身体的症状に留意したケアプランを立て，モニターする．デイサービス・ホームヘルプ・ショートステイと同時に転倒予防，感染症予防

の対策もケアプランに組み入れるべきである．

ケアマネジャーの役割としては，認知症を患う人に情報提供することやサービス利用につなぐことだけでなく，家族介護者を心理的に支援することが重要である．家族に対する心理社会的支援では，介護負担を分かち合うと同時に，認知症の行動・心理症状（BPSD）に対する対処法を家族が体得できるように支援することが効果的である．

身体機能面の依存，興奮，夜間の徘徊，失禁などのBPSDが発生すると，家族のストレスは増大し，施設入所のリスクが高まる．個別化したBPSD対策を家族介護者が習得できるようにケアマネジメントを工夫することは大切である．攻撃性のBPSDがあっても，在宅生活は可能ではあるが，家族と本人の生活の質（QOL）のバランスによって施設入所は，考慮されるべきである．

このプロトコルは，主に海外での先行研究の結果によるガイドラインによるものであり，わが国の認知症ケアの状況に適合するものであるかどうか，検証されたものではない．わが国の政策，制度，文化状況のもとで認知症ケアのケアマネジメントのプロトコルを開発することが必要である．たとえば，デイサービス等在宅サービスやケアマネジメントのあり方などは，わが国と欧米諸国では事情が異なる．しかし，このプロトコルが示す大筋のところ，BPSD対策が認知症ケアマネジメントの焦点となることは確実であり，わが国の認知症介護現場における知見とも一致する．BPSDを改善する方法について研究し，ケアマネジメントに活用することが，家族介護者支援，在宅ケア維持，介護費用財政にとっても重要であることが示唆されたといえよう．

【文献】

1) 厚生労働省：みんなのメンタル・ヘルス（http://www.mhlw.go.jp/kokoro/speciality/detail_recog.html，2015.8.10）．
2) 厚生労働省：平成23年患者調査．上巻第63表，2011（http://www.e-

stat.go.jp/SG1/estat/List.do?lid=000001103073，2015.8.10）．
3) 総務省統計局：人口推計（平成23年10月1日現在）（http://www.stat.go.jp/data/jinsui/2011np/，2015.8.10）．
4) 朝田　隆ほか：都市部における認知症有病率と認知症の生活機能障害への対応（2013）．（http://www.tsukuba-psychiatry.com/ wp-content/ uploads /2013/06/H24Report_Part1.pdf，2016.4.19）．
5) International Psychogeriatric association：Educational pack, Behavioural and Psychological Symptoms of Dementia（日本老年精神医学会監訳，痴呆の行動と心理症状，12，アルタ出版，東京，2005）．
6) 東京都福祉局：高齢者の健康と生活に関する実態調査；専門調査結果報告書．東京都福祉局（1996）．
7) Balestrerai L, Grossberg A, Grossberg G：Behavioral and psychological symptoms of dementia as a risk factor for nursing home placement. *International Psychogeriatrics*，12 (Supplement S1)：59-62 (2000)．
8) 高橋未央，山下功一，天野直二：アルツハイマー病のBPSD．老年精神医学雑誌，21(8)：850-857 (2010)．
9) Reisberg B：Functional assessment staging（FAST）．*Psychopharmacology Bulletin*，24：653-659 (1988)．
10) 平原佐斗司：チャレンジ！非がん疾患の緩和ケア．60-61，南山堂，東京（2011）．
11) 日本ホスピス緩和ケア協会：緩和ケアの定義と歴史（http://www.hpcj.org/what/definition.html，2015.8.10）．
12) World Palliative Care Alliance, WHO：Global atlas of palliative care at the end of life（http://www.who.int/cancer/publications/palliative-care-atlas/en/，2015.8.10）．
13) WHO：Definition of Palliative Care（http://www.who.int/cancer/palliative/definition/en/，2015.8.10）．
14) Khanassov, V., & Vedel, I.：Family Physician–Case Manager Collaboration and Needs of Patients with Dementia and Their Caregivers: A Systematic Mixed Studies Review. *The Annals of Family Medicine*, 14(2)：166-177 (2016)．
15) Reilly, Siobhan, et al.：Case management approaches to home

support for people with dementia." *Cochrane Database of Systematic Reviews* 1 (2015).

16) Buckwalter KC, Gerdner L, Kohout F, et al. : A nursing intervention to decrease depression in family caregivers of persons with dementia. *Arch Psychatric Nursing*, 13(2) : 80-88 (1999).

17) Arnsberger P : Case management styles for people with AD: Do the difference makes difference? *Geriatrics*, 52(suppl.2) (1997).

18) Tam-Tham H, Cepoiu-Martin M , Ronksley P E, et al. : Dementia case management and risk of long-term care placement: a systematic review and meta - analysis. *Int J Geriatr Psychiatry*, 28(9):889-902 (2013).

19) Callahan CM, Boustani MA, Unverzagt FW, et al. : Effectiveness of collaborative care for older adults with Alzheimer disease in primary care: a randomized controlled trial. *Jama*, 295(18) : 2148-2157 (2006).

21) Yoedi C, DuNah R, Bostrum A, et al. : Caregiver supports: Outcomes from the Medicare Alzheimer's disease demonstration. *Health Care Financing Review*, 19(2) : 97-117 (1997).

22) Gerdner LA, Buckwalter KC, Reed D : Impact of a psychoeducational intervention on caregiver response to behavioral problems, *Nurs Res*, 51(6) : 363-374 (2002).

24) Pinquart M, & Sörensen S : Helping caregivers of persons with dementia: which interventions work and how large are their effects?. *Int Psychogeriatrics*, 18(04):577-595 (2006).

23) Challis D, von Abendorff R, Brown P et al. : Care management, dementia care and specialist mental health services: an evaluation. *Int J Geriatr Psychiatry*, 17 : 315–325 (2002).

25) Pimouguet, Clément, et al. :Dementia case management effectiveness on health care costs and resource utilization: a systematic review of randomized controlled trials. *J of Nutrition, Health & Aging* 14(8):

669-676 (2010).
26) Fillt HN：Managed care decisions in Alzheimer's disease. *American Journal of Managed care*, 6(22suppl)：s1149-55 s1156-60 (2000).
27) Shelton P, Schrader C, Dworak D et al.：Caregivers' utilization of health services: results from the Medicare Alzheimer's Disease Demonstration, Illinois site. *J Am Geriatr Soc*, 49(12)：1600-1605 (2001).
28) Bland RC, Newman SC：Mild dementia or cognitive impairment: the modified mini-mental state examination (3MS) as a screen for dementia. *Can J Psychiatry*, 46：506-510 (2001).
29) Albert MS, DeKosky ST, Dickson D, et al.：The diagnosis of mild cognitive impairment due to Alzheimer's disease: Recommendations from the National Institute on Aging-Alzheimer's Association workgroups on diagnostic guidelines for Alzheimer's disease. *Alzheimer's & dementia*, 7(3) : 270-279 (2011).
30) World Health Organization, *Global burden of dementia in the year 2000* (2003).
31) Prince M, Bryce R , Albanese E , et al.：The global prevalence of dementia: a systematic review and metaanalysis. *Alzheimer's & Dementia*, 9(1)：63-75 (2013).
32) Lobo A, Launer LJ, Fratiglioni L, et al.：Prevalence of dementia and major subtypes in Europe: a collaborative study of population-based cohorts. Neurologic Diseases in the Elderly Research Group. *Neurology*, 54：S4–S9 (2000).
33) Vilalta‐Franch J, López‐Pousa S , Llinàs‐Reglà J et al.：Depression subtypes and 5‐year risk of dementia and Alzheimer disease in patients aged 70 years. *Int J Geriatr Psychiatry*, 28(4): 341-350 (2013).
34) Luck T, Luppa M, Matschinger H, et al.: Incident subjective memory complaints and the risk of subsequent dementia. *Acta Psychiatrica*

Scandinavica, 131(4): 290-296 (2015).

35) Jessen F, Wolfsgruber S, Wiese B, et al. : AD dementia risk in late MCI, in early MCI, and in subjective memory impairment. *Alzheimer's & Dementia*, 10(1): 76-83 (2014).

36) Rönnlund M, Sundström A, Adolfsson R, et al. : Self‐Reported Memory Failures: Associations with Future Dementia in a Population‐Based Study with Long‐Term Follow‐Up. *J Am Geriatr Soc*, 63(9): 1766-1773 (2015).

37) Galvin J E, Sadowsky C H : Practical guidelines for the recognition and diagnosis of dementia. *The Journal of the American Board of Family Medicine*, 25(3): 367-382 (2012).

38) Haubois G, Decker L, Annweiler C, et al. : Derivation and validation of a Short Form of the Mini‐Mental State Examination for the screening of dementia in older adults with a memory complaint. *European J of Neurology*, 20(3): 588-590 (2013).

39) Pradier C, Sakarovitch C, Le Duff F, et al. : The mini mental state examination at the time of Alzheimer's disease and related disorders diagnosis, according to age, education, gender and place of residence: a cross-sectional study among the French National Alzheimer database. *PloS one*, 9(8): e103630 (2014).

40) Dong Y., Lee W Y, Hilal S, et al. : Comparison of the Montreal Cognitive Assessment and the Mini-Mental State Examination in detecting multi-domain mild cognitive impairment in a Chinese sub-sample drawn from a population- based study. *International Psychogeriatrics*, 25(11): 1831-1838 (2013).

41) Chapman K R, Bing-Canar H, Alosco M L, et al. : Mini Mental State Examination and Logical Memory scores for entry into Alzheimer's disease trials. *Alzheimer's Research & Therapy*, 8(1): 1 (2016).

42) Arevalo-Rodriguez I, Smailagic N, Roqué I F M, et al.： Mini-Mental State Examination (MMSE) for the detection of Alzheimer's disease and other dementias in people with mild cognitive impairment (MCI). *Cochrane Database Syst Rev*, 3 (2015).
43) Iliffe S, Mitchley S, Gould I, et al.： Evaluation of the use of brief screening instruments for dementia, depression and problem drinking among elderly people in general practice. *Br J Gen Pract*, 44：503-507 (1994).
44) Petersen R C, Stevens J C, Ganguli M, et al.： Practice parameter: Early detection of dementia: Mild cognitive impairment (an evidence-based review) Report of the Quality Standards Subcommittee of the American Academy of Neurology. *Neurology*, 56(9):1133-1142 (2001).
45) Paula J J D, Miranda D M D, MoraesE ND, et al.：Mapping the clockworks: what does the Clock Drawing Test assess in normal and pathological aging? *Arquivos de Neuro-psiquiatria*, 71(10):763-768 (2013).
46) Pinto E, Peters R.： Literature review of the Clock Drawing Test as a tool for cognitive screening. *Dement Geriatr Cogn Disord*, 27(3): 201-13(2009).
47) Gold D A,：An examination of instrumental activities of daily living assessment in older adults and mild cognitive impairment. *J Clinical and Experimental Neuropsychol*, 34(1):11-34 (2012).
48) VA Evidence-based Synthesis Program (ESP) Center : A systematic evidence review of the signs and symptoms of dementia and brief cognitive tests available in VA. 31, Department of Veterans Affairs Health Services Research & Development Service, Washington D.C, (2010).
49) Marshall, K. A., Burson, R., Gall, K., & Saunders, M. M.：Hospital Admissions for Malnutrition and Dehydration in Patients With

Dementia. *Home healthcare now*, 34(1) : 32-37 (2016).
50) Pasqualetti, G., Pagano, G., Rengo, G., Ferrara, N., & Monzani, F. : Subclinical Hypothyroidism and Cognitive Impairment: Systematic Review and Meta-Analysis. *The Journal of Clinical Endocrinology & Metabolism*, 100(11) : 4240-4248 (2015).
51) Jefferis, J. M., Taylor, J. P., Collerton, J., et al. : The association between diagnosed glaucoma and cataract and cognitive performance in very old people: cross- sectional findings from the Newcastle 85+ study. *Ophthalmic Epidemiology*. (2013).
52) Moore, E., Mander, A., Ames, D., Carne, R., Sanders, K., & Watters, D.: Cognitive impairment and vitamin B12: a review. *International Psychogeriatrics*, 24(04):541-556 (2012).
53) McCormick WC, Kukull WA, van Belle G, et al. : Symptom patterns and comorbidity in the early stages of Alzheimer's disease. *J Am GeriatrSoc*, 42 : 517-521 (1994).
54) Burke SL, Maramaldi P, Cadet T et al. : Associations between depression, sleep disturbance, and apolipoprotein E in the development of Alzheimer's disease: dementia. *Int Psychogeriatr.*, 29:1-16 (2016).
55) Neuropsychiatric Disturbances in Mild Cognitive Impairment (MCI): a Systematic Review of Population-Based Studies *Curr Alzheimer Res.*(2016).
56) Bergdahl E, Allard P, & Gustafson Y: Depression among the very old with dementia. *International Psychogeriatrics*, 23(05) : 756-763 (2011).
57) Li, L. W., & Conwell, Y. : Effects of changes in depressive symptoms and cognitive functioning on physical disability in home care elders. *The Journals of Gerontology Series A: Biological Sciences and Medical Sciences*, 64(2):230-236 (2009).

58) Rajan, K. B., Hebert, L. E., Scherr, P. A., de Leon, C. F. M., & Evans, D. A.: Disability in basic and instrumental activities of daily living is associated with faster rate of decline in cognitive function of older adults. *The Journals of Gerontology Series A: Biological Sciences and Medical Sciences*, 68(5): 624-630 (2013).
59) NICE : Violence: The Short-Term Management of Disturbed/Violent Behaviour in In-Patient Psychiatric Settings and Emergency Departments. NICE Clinical Guidelines, no.25 (2005).
60) Generalised Anxiety Disorder in Adults Management in Primary, Secondary and Community Care. NICE Clinical Guidelines No. 113, National Collaborating Centre for Mental Health, UK (2011).
61) Collet J, de Vugt ME, Verhey FR, et al. : Efficacy of integrated interventions combining psychiatric care and nursing home care for nursing home residents: a review of the literature. *International Journal of Geriatric Psychiatry*, 25(1) : 3-13 (2010).
62) Delirium Diagnosis, Prevention and Management. *NICE Clinical Guidelines* No. 103, National Clinical Guideline Centre, UK (2010).
63) O'Neil M, Freeman M, Christensen V, et al. : Non-pharmacological Interventions for Behavioral Symptoms of Dementia: A Systematic Review of the Evidence. VA-ESP Project #05-225 (2011).
64) Jones S V, & O'Brien J T: The prevalence and incidence of dementia with Lewy bodies: a systematic review of population and clinical studies. *Psychological Medicine*, 44(04): 673-683 (2014).
65) Howard R J, Juszczak E , Ballard: Donepezil for the treatment of agitation in Alzheimer's disease. *New England Journal of Medicine*, 357(14): 1382-1392 (2007).
66) Birks J, Grimley Evans J, Iakovidou V: Rivastigmine for Alzheimer's disease. *Cochrane Database Syst Rev CD001191.* (2009).
67) Ma, H., Huang, Y., Cong, Z., Wang, Y., Jiang, W., Gao, S., & Zhu, G: The efficacy and safety of atypical antipsychotics for the treatment of dementia: a meta-analysis of randomized placebo-controlled trials.

Journal of Alzheimer's Disease, 42(3): 915-937 (2014).
68) Matsuda, Y., Kishi, T., Shibayama, H., & Iwata, N.: Yokukansan in the treatment of behavioral and psychological symptoms of dementia: a systematic review and meta - analysis of randomized controlled trials. *Human Psychopharmacology: Clinical and Experimental*, 28(1): 80-86 (2013).
69) Thomas P, Hazif Thomas C, Billon R, et al.: Depression and frontal dysfunction: risks for the elderly? *L Encéphale*, 35(4): 361-369 (2009).
70) McCabe, M. P., Mellor, D., Karantzas, G., Von Treuer, K., Davison, T. E., & O'Connor, D.: Organizational factors related to the confidence of workers in working with residents with dementia or depression in aged care facilities. *Aging & mental health*, 1-7 (2015).
71) Cerejeira, J., Lagarto, L., & Mukaetova-Ladinska, E. B.: Behavioral and psychological symptoms of dementia. (2012).
72) Thuné-Boyle, I. C. V., Iliffe, S., Cerga-Pashoja, A., Lowery, D., & Warner, J.: The effect of exercise on behavioral and psychological symptoms of dementia: towards a research agenda. *International Psychogeriatrics*, 24(07): 1046-1057 (2012).
73) Clinical Practice Guideline for the Assessment and Prevention of Falls in Older People. *NICE Clinical Guidelines No. 21*. National Collaborating Centre for Nursing and Supportive Care, UK (2004).
74) Clinical Practice Guideline for the Assessment and Prevention of Falls in Older People. NICE Clinical Guidelines No. 21. National Collaborating Centre for Nursing and Supportive Care, UK (2004).
75) Robertson MC, Gardner MM, Devlin N, et al.: Effectiveness and economic evaluation of a nurse delivered home exercise programme to prevent falls. 2:Controlled trial in multiple centres, *British Medical Journal*, 322(7288): 701-704 (2001).
76) Van Strien A M, Koek H L, Van Marum R J, et al.: Psychotropic medications, including short acting benzodiazepines, strongly

increase the frequency of falls in elderly. *Maturitas*, 74(4): 357-362 (2013).

77) Kanagaratnam L, Dramé M, Trenque T, et al.: Adverse drug reactions in elderly patients with cognitive disorders: A systematic review. *Maturitas*. Mar; 85:56-63. doi: 10.1016/j (2016).

78) Scandol J P, Toson B, & Close J. C. : Fall-related hip fracture hospitalisations and the prevalence of dementia within older people in New South Wales, Australia: an analysis of linked data. *Injury*, 44(6): 776-783 (2013).

79) Colombo M, Vitali S, Cairati M, et al.: Wanderers: Features, findings, issues. *Archives of Gerontology and Geriatrics*, 33 : 99-106 (2001).

80) Van Doorn, C., Gruber - Baldini, A. L., Zimmerman, S., Richard Hebel, J., Port, C. L., Baumgarten, M., ... & Magaziner, J. : Dementia as a risk factor for falls and fall injuries among nursing home residents. *J Am Geriatr Soc*, 51(9) : 1213-1218 (2003).

81) Burton E, Cavalheri V, Adams R , : Effectiveness of exercise programs to reduce falls in older people with dementia living in the community: a systematic review and meta-analysis. *Clinical Interventions in Aging*, 10:421 (2015).

82) Dramé M, Lang P O, Jolly D, et al.: Nursing home admission in elderly subjects with dementia: predictive factors and future challenges. *Journal of the American Medical Directors Association*, 13(1): 83-e17 (2012).

83) Gitlin LN, Kales H C, & Lyketsos C G : Nonpharmacologic management of behavioral symptoms in dementia. *JAMA*, 308(19): 2020-2029 (2012).

84) Gaugler J E, Yu F, Krichbaum K, et al. : Predictors of nursing home admission for persons with dementia. *Medical Care*, 47(2): 191-198 (2009).

85) Buhr GT, Kuchibhatla M, & Clipp EC, : Caregivers' reasons for nursing home placement: clues for improving discussions with families prior to the transition. *The Gerontologist*, 46(1) : 52-61 (2006).

86) Pinquart, M., & Sörensen, S.:Differences between caregivers and noncaregivers in psychological health and physical health: a meta-analysis. *Psychology and aging*, 18(2):250 (2003).

87) Luchesi, B. M., Degani, G. C., Brígola, A. G., Pavarini, S. C. I., & Marques, S. : Evaluation of depressive symptoms in older caregivers. *Archives of Clinical Psychiatry (São Paulo)*, 42(2):45-51 (2015).

88) Etters, L., Goodall, D., & Harrison, B. E. : Caregiver burden among dementia patient caregivers: a review of the literature. *Journal of the American Academy of Nurse Practitioners*, 20(8) : 423-428 (2008).

89) Pinquart, M., & Sörensen, S.:Spouses, adult children, and children-in-law as caregivers of older adults: a meta-analytic comparison. *Psychology and aging*, 26(1):1 (2011).

90) Adelman, R. D., Tmanova, L. L., Delgado, D., Dion, S., & Lachs, M. S.: Caregiver burden: a clinical review. *Jama*, 311(10):1052-1060 (2014).

91) Schulz, R., O'Brien, A. T., Bookwala, J., & Fleissner, K.:Psychiatric and physical morbidity effects of dementia caregiving: prevalence, correlates, and causes. *The Gerontologist*, 35(6):771-791 (1995).

92) Bremer, P., Cabrera, E., Leino-Kilpi, H., Lethin, C., Saks, K., Sutcliffe, C., ... & RightTimePlaceCare Consortium:Informal dementia

care: Consequences for caregivers' health and health care use in 8 European countries. *Health Policy*, 119(11): 1459-1471 (2015).
93) Wimo, A., von Strauss, E., Nordberg, G., Sassi, F., & Johansson, L.: Time spent on informal and formal care giving for persons with dementia in Sweden. *Health Policy*, 61(3): 255-268 (2002).
94) Bergvall, N., Brinck, P., Eek, D., Gustavsson, A., Wimo, A., Winblad, B., & Jönsson, L.: Relative importance of patient disease indicators on informal care and caregiver burden in Alzheimer's disease. *International Psychogeriatrics*, 23(01): 73-85 (2011).
95) Bédard, M., Kuzik, R., Chambers, L., Molloy, D. W., Dubois, S., & Lever, J. A.: Understanding burden differences between men and women caregivers: the contribution of care-recipient problem behaviors. *International Psychogeriatrics*, 17(01): 99-118 (2005).
96) Hauer K., Schwenk M., Zieschang T, et al.: Physical training improves motor performance in people with dementia: a randomized controlled trial. *J Am Geriatr Soc*, 60 (1): 8-15 (2012).
97) Black, W., & Almeida, O. P.: A systematic review of the association between the behavioral and psychological symptoms of dementia and burden of care. *International Psychogeriatrics*, 16(03): 295-315 (2004).
98) Cuijpers, P.: Depressive disorders in caregivers of dementia patients: a systematic review. *Aging & mental health*, 9(4): 325-330 (2005).
99) Alexopoulos, G. S.: Depression in the elderly. *The lancet*, 365(9475): 1961-1970 (2005).
100) Jensen, M., Agbata, I. N., Canavan, M., & McCarthy, G.: Effectiveness of educational interventions for informal caregivers of individuals with dementia residing in the community: systematic review and meta‐analysis of randomised controlled trials. *International journal of geriatric psychiatry*, 30(2):130-143 (2015).

101) Black, W., & Almeida, O. P.: A systematic review of the association between the behavioral and psychological symptoms of dementia and burden of care. *International Psychogeriatrics*, 16(03): 295-315 (2004).

102) Cabrera E, Jolley D, Stephan A, et al. : The association between physical dependency and the presence of neuropsychiatric symptoms, with the admission of people with dementia to a long-term care institution: A prospective observational cohort study. *International journal of nursing studies*, 52(5): 980-987 (2015).

103) Ledgerd, R., Hoe, J., Hoare, Z., Devine, M., Toot, S., Challis, D., & Orrell, M.: Identifying the causes, prevention and management of crises in dementia. An online survey of stakeholders. *International journal of geriatric psychiatry* (2015).

104) Robinson, L., Hutchings, D., Dickinson, H. O., Corner, L., Beyer, F., Finch, T., & Bond, J. : Effectiveness and acceptability of non - pharmacological interventions to reduce wandering in dementia: a systematic review. *International journal of geriatric psychiatry*, 22(1): 9-22 (2007).

105) Lai, C. K., & Arthur, D. G.: Wandering behaviour in people with dementia. *Journal of advanced nursing*, 44(2): 173-182 (2003).

106) Brodaty, H., Connors, M. H., Xu, J., Woodward, M., & Ames, D.: Predictors of institutionalization in dementia: a three year longitudinal study. *Journal of Alzheimer's Disease*, 40(1), 221-226 (2014).

107) Afram, B., Stephan, A., Verbeek, H., Bleijlevens, M. H., Suhonen, R., Sutcliffe, C., ... & Meyer, G. : Reasons for institutionalization of people with dementia: informal caregiver reports from 8 European countries. *Journal of the American Medical Directors Association*, 15(2): 108-116 (2014).

107) Afram, B., Stephan, A., Verbeek, H., Bleijlevens, M. H., Suhonen, R., Sutcliffe, C., ... & Meyer, G.: Reasons for institutionalization of people with dementia: informal caregiver reports from 8 European countries. *Journal of the American Medical Directors Association*, 15(2): 108-116 (2014).
108) Cepek, L., Brechlin, P., & Steinacker, P.: Dementia and geriatric cognitive disorders. *Dement Geriatr Cogn Disord*, 23(1), 22-30 (2007).
109) Yaffe, K., Fox, P., Newcomer, R., Sands, L., Lindquist, K., Dane, K., & Covinsky, K. E.: Patient and caregiver characteristics and nursing home placement in patients with dementia. *Jama*, 287(16): 2090-2097 (2002).
110) Selwood A, Johnston K, Katona C, et al. : Systematic review of the effect of psychological interventions on family caregivers of people with dementia. *Journal of Affective Disorders*, 101(1-3): 75-89 (2007) .
111) Cooper C, Balamurali T B, Selwood A, et al. : A systematic review of intervention studies about anxiety in caregivers of people with dementia. *International Journal of Geriatric Psychiatry*, 22(3): 181-188 (2007).
112) Gaugler JE, Jarrott SE, Zarit SH, et al. : Respite for dementia caregivers: the effects of adult day service use on caregiving hours and care demands. *Int Psychogeriatr*, 15(1): 37-58 (2003).
113) Luppa, M., Luck, T., Brähler, E., König, H. H., & Riedel-Heller, S. G.: Prediction of institutionalisation in dementia. *Dementia and geriatric cognitive disorders*, 26(1): 65-78 (2008).
114) Wilks, S. E., & Croom, B.: Perceived stress and resilience in Alzheimer's disease caregivers: Testing moderation and mediation models of social support. *Aging and Mental Health*, 12(3): 357-365 (2008).
115) Riedl, L., Mackenzie, I. R., Förstl, H., Kurz, A., & Diehl-Schmid, J.: Frontotemporal lobar degeneration: current perspectives. *Neuropsychiatr Dis Treat*, 10: 297-310 (2014).

116) Brodaty H, Green A, Koschera A : Meta-Analysis of psychosocial Interventions for Caregivers of People with Dementia. *J Am Geriatr Soc*, 51 : 657-664 (2003).
117) Olazarán, J., Reisberg, B., Clare, L., Cruz, I., Peña-Casanova, J., Del Ser, T., ... & Spector, A. : Nonpharmacological therapies in Alzheimer's disease: a systematic review of efficacy. *Dementia and geriatric cognitive disorders*, 30(2) : 161-178 (2010).
118) Langa, K. M., & Levine, D. A. : The diagnosis and management of mild cognitive impairment: a clinical review. *Jama*, 312(23) : 2551-2561 (2014).
119) de Vugt, M. E., & Verhey, F. R. : The impact of early dementia diagnosis and intervention on informal caregivers. *Progress in neurobiology*, 110 : 54-62 (2013).
120) Simon, S. S., Yokomizo, J. E., & Bottino, C. M. : Cognitive intervention in amnestic Mild Cognitive Impairment: a systematic review. *Neuroscience & Biobehavioral Reviews*, 36(4) : 1163-1178 (2012).
121) Wendler, D., & Rid, A. : Systematic review: the effect on surrogates of making treatment decisions for others. *Annals of Internal Medicine*, 154(5) : 336-346 (2011).

第3章

認知症ケアマネジメントの実際

　本章では，介護保険のもとで行われている認知症ケアマネジメントの個別事例を分析し，わが国における認知症ケアマネジメントの課題を実証的に探索する．

Ⅰ．本章の目的と方法

1．目的と意義

　厚生労働省の推計によると，2012年には305万人の認知症高齢者が存在しており，そのうち149万人が在宅介護サービスを受けながら自宅で生活している[1]．介護保険では，すべてのサービス利用者にケアプランが策定されることから，149万事例の認知症ケアマネジメントが存在することになる．多種多様な認知症ケアマネジメントが存在することが想定されるが，第1章で述べたように，居宅介護支援事業の運営基準や厚生労働省の通知・通達による行政指導により，ケアマネジメント内容の標準化が図られている．

　さらに，「認知症施策推進5か年計画（オレンジプラン）」（2013年度～2017年度）では，①認知症ケアパス，②早期診断・早期対応，

③地域での生活を支える医療サービスの構築，④地域での生活を支える介護サービスの構築，⑤地域での日常生活・家族の支援の強化，⑥若年性認知症施策の強化，⑦医療・介護サービスを担う人材の育成，が目指されている．しかし，認知症のケアマネジメントについては，ガイドラインが示されているわけではない[2]．

本章では，認知症ケアマネジメントが在宅介護において行われている実態を把握することを目的に，事例から認知症ケアマネジメントを構成する要素を分析することを目指した．

介護保険制度は，介護保険計画見直しの年度ばかりでなく，毎年の介護報酬改定によって変化し続けており，介護サービスの内容やケアプランのあり方も，制度発足当時とは変容している．認知症のある利用者に対して行われているケアマネジメントの事例を記録し，現時点での認知症ケアマネジメントの機能を抽出することは，変化を把握するために不可欠である．また，国際比較する際にも標準を示すことが可能となることから，認知症ケアマネジメント研究にとって重要な作業であると思われる．

2．事例の選定方法

本事例は，筆者が1998〜2014年まで行ったケアマネジャーの事例検討会や家族会で報告された実際の事例のなかから選定した．しかし，本事例においては筆者自身が介護に関わっているため，事例としての客観性と妥当性を確認する必要があると考えた．

そして，ケアマネジャー28人に事例を読んでもらい，このような事例と関わることがあるかどうかを尋ねた．その結果，80％のケアマネジャーが「ある」と回答したので，分析の対象として妥当であると判断した．

事例の使用にあたっては，本人と家族および担当ケアマネジャーに個人を特定される事項は削除し，学術的発表にのみ使用することを口

第3章 認知症ケアマネジメントの実際

頭と文書で説明し，了承を得た．

3. 分析方法

分析は，質的分析を行った．ケアマネジャーの対応とその背景となる判断を把握するためケアマネジャーと家族の記録を照合し，ケア経過の記録を作成して一文ごとにコード化を行った．

本事例検討の目的は，認知症ケアマネジメントの分析であり，ケアマネジャーの対応と判断についての記録すべてを分析の対象とした．個別的なサービスの手配や書類作成等，ケアマネジメントに付随する日常業務については，ケアマネジャーの判断の結果，必然的に生じる事象として，分析からは除外した．

Ⅱ．事例の概要と経過

1．事例の概要

〔利用者〕：J，男性，91歳
〔疾患〕：アルツハイマー型認知症，肺気腫，心不全，便秘症，手足白癬
〔要介護度〕：要介護3
〔日常生活自立度〕：ランクA（寝たきり尺度；自宅内自立だが，介助なく外出ができない）
〔認知症老人の日常生活自立度〕：Ⅲb（夜間も一部介助が必要）
〔ADL（activities of daily living；日常生活動作）症状等〕
・歩行：車いす（つたい歩きは可能だが，病院では安全のため車いすを使用している．）
・着替え：一部介助
・排泄：自分で行うことができるが，失禁することもあるので，病

院ではオムツ使用.
・食事：自立
・入浴：一部介助
・コミュニケーション：通常の会話は可能だが，Mini-Mental State Examination（MMSE）は 30 点満点中 15 点．日によって認知機能が低下し，傾眠傾向がみられる．認知機能低下時に測定すると MMSE8 点程度である．
・BPSD：夜間徘徊があるため，ハロペリドール系抗精神病薬が処方されている．

〔本人の生活歴等〕：地方で生まれたが，小学校入学時から東京で暮らす．大卒で，零細企業を経営していた．町内会の役員をするなど地域の活動に熱心であった．元来夜型の生活を送っており，深夜までテレビをみる習慣があった．趣味は麻雀とカラオケで歌うことであった．

〔妻の生活歴等〕：89 歳．専門学校を卒業し，洋裁学校の教師をしていたが，結婚と同時に東京で主婦として暮らす．80 歳で頸髄症のため手術を受け，歩行に障害がある．87 歳で狭心症の発作があり，ステントを冠動脈に 3 本挿入しているが，自宅近くのスポーツジムに毎日通い，プールで歩いて廃用性の障害を予防している．

〔介護保険申請までの経過〕：2011 年 4 月ごろより食事の準備が負担となり，宅配の夕食を利用していた．2011 年末に転倒したことを契機に，夫の歩行能力が著しく低下した．2012 年 1 月 6 日に，居間で倒れているところを妻が発見し，救急車にて入院した．原因は不明であったが，肺炎の治療が終了したので，自宅療養するために介護保険申請となった．別居している娘が 3 人いるが，いずれも既婚者で常勤の仕事についており，補助的な介護しかできない．主介護者は妻である．

2. 事例の経過

日付	本人・介護者の動き, 出来事等	ケアマネジャーの対応, 判断
2012年1月	地域包括支援センターの担当者と長女が, 入院中のA病院で面談し, 介護保険を申請した. 地域包括支援センターの薦めでケアマネジメントは, 自宅近くの介護老人福祉施設に併設した居宅介護支援事業所に依頼した(1).	
1月中旬	本人の希望：早く退院して自宅に戻りたい. 妻の希望：リハビリをさせて, 夫に元のように元気になってほしい.	ケアマネジャーが居宅介護サービスの説明・契約のため病院を訪問. 週3回のデイサービス, 週2回(各30分)のホームヘルパー利用を勧めた.
2/5	退院 家族は, 入院中に処方されていた睡眠導入薬を, 自宅では使用しないことにした. したがって, せん妄による夜間徘徊の出現が予想されたので, 3人の娘が交替で泊まり込むことになった(5).	女性の利用者がほとんどであるデイサービスは合わないと考え, 男性が多く麻雀もやっているNデイサービスを紹介する(2). ホームヘルパーはデイサービスのない日の昼食の用意と掃除を中心に利用すれば, 妻の負担は軽減できる(3)と考えた. 夕食は以前から依頼していた弁当業者の宅配を1食利用し, ヘルパーは補助する惣菜をつくる(4). 電動式介護ベッド・トイレ用手すり・室内歩行器・外出用手押し車のレンタル手配. ポータブル・トイレ購入の手配を行った.
2/6		介護機器の業者・ヘルパー事業所責任者・Nデイサービス事業者に同行して自宅を訪問. 本人・妻・長女を交えてサービス担当者会議を開催(6). ケアプランを説明し承諾を得る. 歩行が不安定なので, 手すりの設置が必要と思われたが, ベッドからトイレまで壁を伝っていけないので, ポール式の手すりを紹介したが, それではかえって歩行の障害になるとの家族の意見であったので, 利用しないことにした(7).

日付	本人・介護者の動き，出来事等	ケアマネジャーの対応，判断
2/7	本人と長男夫妻がつきそって，Nデイサービス利用開始．本人，男性の麻雀グループに参加した． 週3回のデイサービス利用が開始されたが，送迎車までは介助歩行が可能であり，デイサービスでも車いすは利用していない．	自宅訪問：本人・家族の見学後の意見を聞き，Nデイサービスと契約することになった(8)．
2/8	夜中に虫がいるとの幻覚があり，ベッドから出てカーテンを触っていたが，家族が話しかけると安心して入眠した(9)．	
2/14	以後問題がなかったので泊まり込み終了(10)．	
2/27	妻が，週1回デイサービスに通うことになる(要支援Ⅱと判定)．	定期訪問(3月のケアプランについて説明し，承諾を得る)．ケアプラン変更(歩行が安定したので，歩行器は撤収した)．
3/1	オムツではなく，昼はパンツと尿とりパッド，夜はリハビリパンツを使用している．	本人は順調に生活できているようである．Nデイサービスは，60人程の規模なのできめ細かいサービスではないが，本人は楽しく通っているので，問題はなさそうである(11)．
4/14		定期訪問(4月のケアプランについて説明し，承諾を得る)．ケアプラン変更なし．ケアマネジャーが転勤により交代した．
5/4	デイサービスから帰宅したときに熱が38度あったため，家族が救急車をよび，B病院に搬送入院となる．原因は，誤嚥性肺炎であった(12)．	
5/5	本人，抑制帯を指さし「人権蹂躙」と家族に訴える．	病院訪問 本人は，備えづけの鍵つき抑制帯により，ベッドに抑制されていた．病院の説明では，就床時に勝手に立ち上がり，危険であるとの理由である．看護師長の話では，人手不足なので，事故を防止するためには仕方ないとのこと(13)．夜間はともかく，昼間もベッドに抑制されていることは問題であると，家族から訴えられた．可能な限り，早期退院する方針で準備・調整を行う(14)．
5/10	家族が交替で毎日つきそい，家族がいる間は車いすで，デイルームで過ごすようにしていた． 認知機能が低下することを心配した家族が，話し相手として学生ボランティアを依頼．	

第3章 認知症ケアマネジメントの実際

日付	本人・介護者の動き，出来事等	ケアマネジャーの対応，判断
5／15	病院で医師・医療ソーシャルワーカー(medical social worker；MSW)・長女・ケアマネジャーが退院に向けた会議をもつ．	肺炎のCRP(C-reactive protein；C反応性タンパク)3.0 mg/dl(入院時4.5)で，まだ退院できる状態になっていないが，なるべく早く退院するため，退院後のケアプランを準備する．家族の希望により，医療ソーシャルワーカー(MSW)に在宅訪問診療機関を紹介してもらい，受け入れの可能性について確認してもらうことを依頼した[15]．
5／22	退院に向けた会議 医師・看護師・医療ソーシャルワーカー(MSW)・本人・妻・長女・ケアマネジャーで，在宅療養の要点・介護方法について打ち合わせる． 肺炎のCRP 0.93となり，退院が許可された．軽度肺気腫・心不全(足のむくみ)・微細な脳梗塞がみられる．褥瘡に毎日処置が必要である，誤嚥に注意すること，また自力排痰ができないときがあるので注意する必要がある．	訪問看護については，自宅から至近の事業所を紹介した．
5／25	退院 夜間徘徊による事故を防止するため，3人の娘が交替で泊まり込むことにした．	退院時，介護機器の業者・ヘルパー事業所責任者・訪問看護事業所責任者に同行して自宅を訪問．本人・妻・長女を交えてサービス担当者会議を開催[16]．役割分担を確認する．週3回のデイサービス・週3回のホームヘルプ(各30分)・週2回の訪問看護のサービス体制とした．
5／28	デイサービスから帰宅後，本人はケアマネジャーのことを「あの人は，俺の気持ちをわかってくれた」と家族に話していた[18]．	デイサービス訪問 デイサービスでのようすをモニタリングするために訪問したところ，本人は入院中のつらかったこと，退院できて嬉しかったこと等を話してくれた[17]．
5月下旬	訪問診療は，月2回，健康管理を中心に，訪問看護は週2回褥瘡処置と摘便を行っている．	
6／16		定期訪問(6月のケアプランについて説明し，承諾を得る)．ケアプラン変更なし．

日付	本人・介護者の動き，出来事等	ケアマネジャーの対応，判断
6月下旬	学生ボランティアがMMSEを測定したところ29点であった[19].	
7／21		定期訪問（7月のケアプランについて説明し，承諾を得る）．ケアプラン変更なし．
8／9		定期訪問（8月のケアプランについて説明し，承諾を得る）．ケアプラン変更なし．
9月中旬	留学していた孫娘が帰国し，利用者夫妻と同居することになる．	
9／6	家族の要望：Nデイサービスではあまり運動に参加せず，居眠りしているようだ，歩行訓練をしてほしい．Nデイサービスの記録では「マイペースで過されています」という報告が多い．	定期訪問（9月のケアプランについて説明し，承諾を得る）．ケアプラン変更なし．Nデイサービスに歩行練習を行えるように要望し，自宅では使用していない手押し車をNデイサービスにもって行き，歩行の機会を増やすように依頼した[20]．
10月初旬	Nデイサービスで15分間の平行棒を使用した歩行訓練を開始した．	
10／13		定期訪問（10月のケアプランについて説明し，承諾を得る）．ケアプラン変更なし．
10月中旬	宅配の夕食は，ほとんど食べ残していることが判明したので，利用を中止し，家族が夕食をつくることにした．	
11／6		定期訪問（11月のケアプランについて説明し，承諾を得る）．ケアプラン変更：褥瘡予防マットの種類を変更する．
12／18	自力で排便ができるようになり，摘便が必要なくなる．訪問看護は，褥瘡処置が中心となる．	定期訪問（12月のケアプランについて説明し，承諾を得る）．
12／26		書類に訂正が必要であるため，自宅訪問したところ，ヘルパーが仕事中であった．妻は外出中であったが，本人はヘルパーに要望を伝えることができていた[21]．
2013年1月中旬	褥瘡はほとんど出現しなくなった．体重も増加傾向である．	
1／22	家族の意見：Nデイサービスは規模が大きいので，機能回復・維持について細かい支援ができていないのではない	定期訪問し，ケアプラン変更．次週より訪問看護を週1回とする．家族からNデイサービスではあまりリハビリがで

日付	本人・介護者の動き，出来事等	ケアマネジャーの対応，判断
	か[22]．このごろは，本人の認知機能が低下して麻雀もできなくなったようだ． 本人の希望：Nデイサービスは送迎に時間がかかることが不満である．また運転手が1人なので利用者を自宅に誘導・介助している間，送迎車に職員がいないことが不安である[25]．	きないので，別のデイサービスを利用するほうがよいのではないか，小規模でマシントレーニングを導入しているOデイサービスに変えてはどうかと相談される[23]． Nデイサービスに，①送迎のコースを時間が長くかからないものに組み替えてほしい，②できれば，2人体制で送迎してほしい旨を要望した[24]．勤務体制上から2人は無理であるが，送迎のルートを変えて乗車時間を短くするとの回答を得た[26]． Oデイサービスに連絡し，見学を依頼した．見学後自宅を訪問し，本人・家族の意見を聞き，Oデイサービスと契約締結の日程調整を行った．
1/31	本人と長女でOデイサービスを見学した[27]． 家族の意見：歩行能力が低下していることが心配なので，利用させたい． 本人の希望：急に運動するとケガをすることになるので，あまり無理したくない．Nデイサービスに行かないと区役所に報告されるのではないか心配である[28]．	自宅訪問．見学後にOデイサービス責任者と同行し，契約締結後ケアプラン変更を行った． Oデイサービス1回Nデイサービス2回の計画4回利用とした．
2/7	本人の夜間徘徊は解消されたが，排尿のために深夜に3回ほど起床することが多い．その際に失禁やトイレを汚すことが家族の悩みである[29]．	
2/15	本人の意見：Oデイサービス職員は挨拶しない人が多い．所長もいい人なので，Nデイサービスのほうがすきだ[30]． 本人の意見：Oデイサービスは，食事が選べるのでよい．	定期訪問し，ケアプラン変更． 訪問看護は終了し，褥瘡が出現した場合には，デイサービスの看護師が入浴後に処置をすることで対応する． 3月5日訪問看護終了
3/14		定期訪問し，Oデイサービス担当者，Nデイサービス担当者，訪問介護事業者と担当者会議を開催．本人・長女が参加．徐々に歩行能力が低下しているが，体重や体調は安定していると評価を行った[31]．

Ⅲ．事例の分析結果

本事例の経過を，認知症高齢者に対するケアマネジメントの特徴を探索する視点から分析する〔表中および文章中の(1)～(31)の数字は事例の対比を表す〕．

1. 居宅介護支援専門員（ケアマネジャー）の選定における形式的自由選択

介護保険の使用申請は，地域包括支援センターに相談を行うことから始まるが，病院からの退院を契機に利用を開始するケースが多くなっている．本事例も，地域包括支援センターの職員が病院に出向いて介護保険についての説明を行い，ケアマネジャーを推薦している．

- 地域包括支援センターの薦めでケアマネジメントは，自宅近くの介護老人福祉施設に併設した居宅介護支援事業所に依頼した[1]．

利用者側では，居宅介護支援事業所についての知識をもっていないため，別の選択肢がないことから，特段の事情がない限り地域包括支援センターの紹介する事業所を選ぶことになる．

2. 利用者による介護サービス選択と決定の支援

前述のように，居宅介護支援事業所と居宅介護支援専門員（ケアマネジャー）の選定は，利用者側の「自由選択」が形式的に行われている．しかし，介護サービス選定においては，利用者側は形式的な選択のみを行っているわけではない．

ケアマネジャーは，介護保険運営基準を遵守して毎月ケアプランを作成し，利用者本人と家族の承諾を得て実施していた．

- 3月6日／4月5日／6月7日／7月5日／8月7日／9月6日／10月13日／11月6日／12月6日／2月7日／3月14日の定期訪問

　ケアプランの説明と承認の際は，第1に，利用者本人や家族の好み・要望，あるいは生活様式を配慮して，サービスを紹介・調整している．

- 女性の利用者がほとんどであるデイサービスは合わないと考え，男性が多く麻雀もやっている N デイサービスを紹介する[2]．
- ホームヘルパーはデイサービスのない日の昼食の用意と掃除を中心に利用すれば，妻の負担は軽減できる[3]
- 弁当業者の宅配を1食利用し，ヘルパーは補助する惣菜をつくる[4]．

　第2に，ケアマネジャーは利用者本人や家族の要望に合わせて，サービスの種類や内容などケアプランを変更している．

- ポール式の手すりを紹介したが，それではかえって歩行の障害になるとの家族の意見であったので，利用しないことにした[5]．
- 家族からNデイサービスではあまりリハビリができないので，別のデイサービスを利用するほうがよいのではないか，小規模でマシントレーニングを導入している O デイサービスに変えてはどうか[23]

と相談され，Oデイサービスの見学をアレンジしている．

　第3に，ケアマネジャーは，可能な場合は利用者と家族に介護サービスの試験的利用をさせて，考慮と選択の機会を与えている．

- 2月6日　自宅訪問　本人・家族の見学後の意見を聞き，N デイサービスと契約することになった[8]．
- 1月31日　本人と長女で O デイサービスを見学した[27]．

3. 総合的意見によるアセスメントと評価

　サービスを開始する際には，介護サービス提供事業者を招集して担当者会議を開催している．しかし，在宅訪問医療を提供する担当医に会議への参加は依頼していない．

- 2月6日　介護機器の業者・ヘルパー事業所責任者・デイサービス事業者に同行して自宅を訪問．本人・妻・長女を交えてサービス担当者会議を開催[6]．
- 5月25日　退院時，介護機器の業者・ヘルパー事業所責任者・訪問看護事業所責任者に同行して自宅を訪問．本人・妻・長女を交えてサービス担当者会議を開催[16]．

　ケアマネジャーは，担当者会議を退院時だけでなく，定期的にサービスの効果を評価する会議として位置づけ，利用者の生活状況について多職種による総合的評価を行っている．

- 3月14日　定期訪問し，Oデイサービス担当者，Nデイサービス担当者，訪問介護事業者と担当者会議を開催．本人・長女が参加．徐々に歩行能力が低下しているが，体重や体調は安定していると評価を行った[31]．

4. モニタリングの実施

　ケアマネジメントの過程では，ケアプラン作成後のサービス実施段階になると，計画どおりにサービスと支援が提供されているか否かを確認するために，ケアマネジャーがモニタリングを行うことになっている．本事例でも，ケアマネジャーのモニタリングを行っていた．

第3章 認知症ケアマネジメントの実際

- Nデイサービスは，60人ほどの規模なのできめ細かいサービスではないが，本人は楽しく通っているので，問題はなさそうである[11].

サービス提供が滞りなく行われているかだけでなく，利用者のサービス利用能力へのモニタリングも行っていた．

- 書類に訂正が必要であるため，自宅訪問したところ，ヘルパーが仕事中であった．妻は外出中であったが，本人はヘルパーに要望を伝えることができていた[21].

ケアマネジャーは，サービス利用中の本人の状態を把握するため，サービス事業所を訪問してモニタリングを行っている．

- デイサービスでの様子をモニタリングするために訪問したところ，本人は入院中のつらかったこと，退院できて嬉しかったことなどを話してくれた[16].

このデイサービスへの訪問は，利用者には好意的に受け止められ，信頼関係の形成に役立っている．

- デイサービスから帰宅後，本人は「あの人は，俺の気持ちをわかってくれた」と家族に話していた[17].

5. 代弁機能（アドボカシー）の実施

本事例では，本人に代わって，意見を主張する代弁機能（アドボカシー）が行われている．サービス提供機関に対し，ケアマネジャーが利用者へのサービスのあり方の変更を求め，利用者の権利を擁護しよ

うと試みている．

- Nデイサービスに，①送迎のコースを時間が長くかからないものに組み替えてほしい，②できれば，2人体制で送迎してほしい旨を要望した[19]．

この行動は，次のような利用者の要望を代弁して行われたものである．

- 本人の希望：Nデイサービスは送迎に時間がかかることが不満である．また運転手が1人なので利用者を自宅に誘導・介助している間，送迎車に職員がいないことが不安である[25]．

ケアマネジャーの要請に対しデイサービス事業所は，可能な限り対処を行い，利用者の要望は一部実現した．

- 送迎のルートを変えて乗車時間を短くするとの回答を得た[26]．

ケアマネジャーは，相手機関に変容を起こさせることができなかった場合でも，何らかの行動を起こして，事態の解決・問題の軽減を図っていた．

- 夜間はともかく，昼間もベッドに抑制されていることは問題であると，家族から訴えられた．可能な限り，早期退院する方針で準備・調整を行う[14]．
- Nデイサービスに歩行練習を行えるように要望し，自宅では使用していない手押し車をNデイサービスに持って行き，歩行の機会を増やすように依頼した[20]．

このような意見や要望は，利用している本人や家族からはいいにく

いことであり，ケアマネジャーが代弁することによって，本人と家族の意見をケアプランに反映することが可能となっている．

6. 利用者と家族との意見の相違の調整

在宅ケアでは，時折，利用者と家族の意見が異なる事態が生じるが，その調整を行うこともケアマネジャーの直接的役割である．本事例では，利用者の運動量を増加させて身体機能の維持を図りたい家族の意思に対し，本人は運動したくないという意思を表明している．

- 家族の意見：歩行能力が低下していることが心配であり，利用させたい．
- 本人の希望：急に運動するとケガをすることになるので，あまり無理はしたくない．Nデイサービスに行かないと区役所に報告されるのではないか心配である[28]．

サービス内容の評価についても，利用者本人と家族の意見は異なっていた．

- 家族の意見：Nデイサービスは規模が大きいので，機能回復・維持について細かい支援ができていないのではないか[22]．
- 本人の意見：Oデイサービス職員は挨拶しない人が多い．所長もいい人なので，Nデイサービスのほうが好きだ[30]．

このギャップを調整する意味で，ケアマネジャーは妥協案を提示し，2つのデイサービスを利用するようにケアプランを変更している．利用者は，その後しだいに新しいデイサービスにも慣れていき，本人と家族間の意見の相違は解消された．つまり，利用者と家族側の葛藤の調停をケアマネジャーが担っていた．

7. 在宅医療と居宅介護サービスの連携

　本事例での2回目の救急入院の原因は肺炎である．最初の入院の原因は特定できてはいないが，肺炎の治療が終了した段階で介護保険を利用して自宅療養を開始した．したがって，2月5日の退院時に在宅医療体制を確立し，肺炎の再発を防止することが重要であったが，在宅医療の導入はされず，予防対策が立てられていなかったために，再入院が生じた．

- デイサービスから帰宅したときに熱が38度あったため，家族が救急車をよび，B病院に搬送入院となる．原因は，誤嚥性肺炎であった[12]．

　2回目の退院時には，在宅医療を在宅ケアに組み込むことになったが，その契機は家族の要望であり，紹介は病院の医療ソーシャルワーカーによるものであった．この時点になってもケアマネジャーは，在宅医療のケアプランへの組み込みについて，積極的な提案は行っていない．在宅ケア体制の確立は，ケアマネジャーからの提案ではなく，家族の希望を受け入れる形で実施された．

- 家族の希望により，医療ソーシャルワーカー（MSW）に在宅訪問診療機関を紹介してもらい，受け入れの可能性について確認してもらうことを依頼した[15]．

　ケアマネジャーは，担当者会議を招集する際にも，在宅医療の担当医に声をかけておらず，担当医を交えたケア方針の検討は行われなかった．

- 退院時，介護機器の業者・ヘルパー事業所責任者・訪問看護事業所

責任者に同行して自宅を訪問.本人・妻・長女を交えてサービス担当者会議を開催[16].

8. 家族によるBPSDへの対応

本事例のBPSDは,夜間徘徊である.利用者は元来,夜型の生活習慣をもっており,病院でも夜間徘徊を防止するために薬物が使用されていた.

また,認知症患者は,環境が変わるとせん妄を起こしやすいことが予知されており,家族は夜間徘徊とせん妄出現を予測し,その対策を準備していた.

- 家族は,入院中に処方されていた睡眠導入薬を,自宅では使用しないことにした.したがって,せん妄による夜間徘徊の出現が予想されたので,3人の娘が交替で泊まり込むことになった[4].

家族による第1回目の退院直後のBPSD対策は成功し,その後自宅でのBPSDを生じさせなかった.また,利用者の認知機能は改善し,入院中MMSEの得点が15点であったものが,退院後29点に向上している.

- 学生ボランティアがMMSEを測定したところ29点であった[19].

1つの検査の値をもって,認知症が改善したと考えることには問題があるが,第2章でみたように認知機能のアセスメントにとっては有効であるというエビデンスがあることから,ここではMMSEの値をもって認知機能の改善と解釈しても問題がないと考えた.

Ⅳ. 分析の考察

1. ケアマネジャーの業務とケアマネジメント機能

　事例分析の結果,介護保険の居宅介護支援専門員(ケアマネジャー)の業務は,Moxley D. P.などが通常ケアマネジメントの機能としている,①アセスメント（事前評価）,②プランニング（ケア計画策定）,③インターベンション（介入）,④モニタリング,⑤エバリュエーション（評価）の過程[3]を含み,そのサイクルが何回となく繰り返されていることがわかった（図3-1）.

　これらのケアマネジメントの手法については,厚生労働省が通知によって指導する内容にそって行われていることが,本事例においても示された.ケアマネジャーが毎月利用者を訪問し,ケアプランについて

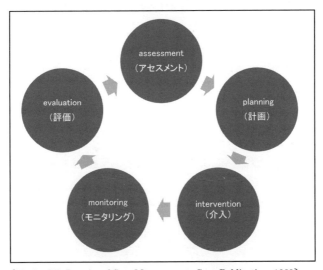

〔Moxley DP: Practice of Case Management. Sage Publication, 1989〕

図3-1　ケアマネジメントの機能

の説明を行うことも実施されており，厚生労働省の通知に従って，ケアマネジメントの機能が，ケアマネジャーの業務に組み込まれていた．

また，介護保険制度設立に際して「高齢者介護・自立支援システム研究会」が打ち出した「高齢者が自らの意思に基づいて，利用するサービスや生活する環境を選択し，決定することを基本に据えたシステムを構築すべきである」という理念[4]は，形式的とはいえ，ケアマネジャーの選択ができるシステムとなっているといえる．

しかし，選択にあたって，情報の保証が前提条件であるが，ケアマネジャーの選択にあたっては入院中の高齢者が十分な情報を入手することは困難である．入院中に利用者および家族が介護保険利用を行う場合には，地域包括支援センターの職員が病院に出向いて，介護保険についての説明を行い，担当となるケアマネジャーを推薦するが，推薦の理由は「事業所が近い」等の簡単なものである．推薦されたケアマネジャーのほかにどのような選択肢があるか，利用者側には知る手立てがない．

こうした情報の非対称性により，結局利用者は，地域包括支援センターが紹介するケアマネジャーを選択せざるを得ない仕組みとなっている．

2．再入院防止とケアマネジャーの医療的ケアについての知識の問題

ケアプランのなかには，肺炎による入院の防止が目標として明示されていなかったために，本事例では再度，入院せざるを得ないこととなり，本人の生活の質を著しく低下させることになった．再入院後，徘徊の危険があるJは昼夜ベッドに抑制され，訪問した家族に「人権蹂躙だ」と訴えている．少なくとも第1回目に入院したA病院であれば，昼夜ベッドに抑制されることはなかった．もし，ケアマネジャーが肺炎の再発に備えて在宅訪問診療をケアプランのなかに組み込んで

いれば，少なくとも B 病院に救急搬送されることは防止できたと思われる．

さらに，1 回目の退院時に在宅医療体制を整備できなかっただけでなく，2 回目の退院時においても，ケアマネジャーは在宅医療体制を整備することを自分の責任であると明確に認識しておらず，家族が希望するという理由で，病院の医療ソーシャルワーカーに紹介を任せている．

2003 年社会保障制度審議会介護保険給付部会は，「地域における医療と介護の継続的・包括的ケアマネジメント」を提唱し [6]，より重度化が予想される在宅サービス利用者の入退院等，居所の移動に対応できるケアマネジメントの実施を提言している．

地域ケアにおける「医療・介護の連携」は，理念的には 1980 年代に「保健・医療・福祉の統合」1986 年に制定された長寿社会対策大綱のなかで「地域における保健・医療・福祉機能の連携」を図り，地域の実情に応じたサービスの供給体制の体系的整備を推進することが高齢者施策の基本とされた．

介護保険利用者の増大に伴い，在宅ケアの拡充の必要性が理解され，在宅医療重視の 2012 年度診療報酬改定が行われた [7]．また，2014 年には「地域における医療及び介護の総合的な確保を促進するための関係法律の整備等に関する法律」が成立・施行されたが，法の内容としては要支援に認定された者のサービス利用の抑制や自己負担の増額を目的としたものである．「医療・介護の連携」は，すでに 70 年代からいわれていた，いわば言い古されたスローガンである．「総合的な確保」を政策の目標に掲げつつも，個人のレベルで実現する策には至っていない．ケアマネジャーが招集する担当者会議にしても，介護保険サービスの担当者に限られることが多く，要介護 3 の利用者 1,387 人を分析対象とした調査においても，担当者会議に医師が出席した割合は 9.3％に過ぎない [8]．また，ケアマネジャーの約 3 割が，地域に

おける病院や診療所（歯科を含む）等の特徴（往診等の状況，ドクターの利用者やケアマネジャーに対する関わり，強み・弱みなど）の最新情報を把握していないと回答した調査もある[9]．

　本事例が示すように認知症患者にとって生活の質（quality of life；QOL）を保証するためには，医療との連携による再入院の防止が不可欠の課題であるにもかかわらず，多くのケアマネジャーがケアプランのなかに再入院の防止を目標として組み込んでいない．

　介護保険法第1章第2条に規定されているように，介護保険給付を行うにあたっては，「要介護状態等の軽減または悪化の防止」という目標をもって，「医療との連携」により「可能な限り居宅で自立」することを目指さなければならないはずである．

　しかし，このように法に規定されているにもかかわらず，現場での実施が困難であることが示された．

　一方でB病院に入院したためににできた褥瘡の処置のために必要となった，訪問看護サービスについては，ケアマネジャーが情報をもち，迅速なサービス導入が行われている．このように，ケアマネジャーが知識をもっている範囲では，医療的ケアが実現されている．肺炎の再発が容易に起こりうることであり，それが利用者の QOL を著しく損なうことであるという知識がケアマネジャーに普及していれば，再入院防止の策が取られ得たと思われる．

　そうであるならば，ケアマネジャーが利用者に起こりがちな身体状況について，再入院予防の知識をもてるように研修やケアマネジメントの体制を強化することが重要となろう．先の調査では，廃用性症候群の可能性が全体の 31.0％にみられ，ついで BPSD が 21.5％，ADLの急激な低下が 19.1％，治療を要する高血圧症が 15.9％，脳血管疾患の再発歴が 10.8％，退院して1か月以内が 9.6％，本事例のような肺炎・誤嚥性肺炎の入院歴のある利用者も 4.9％であったと報告されている[9]．これらの症状に対して，入院を回避するためのアセスメントを行う手

立てをケアマネジメント体制のなかにもつことが介護保険サービスを効果的かつ効率的に運用することにつながると思われる．

　ケアマネジメントが介護保険の制度内でのサービスマネジメントに限定されている現状と，ケアマネジャーの研修やバックアップ体制を基本的な医療ケアの範囲まで広げる必要性が示唆された．

3. ケアマネジャーの BPSD についての認識

　本事例の家族は，BPSD について知識があり，家族が対策を講じたために BPSD による介護負担を回避することができている．入退院時，環境の変化に脆弱な認知症高齢者はせん妄を起こす場合が多く，大声をあげる，徘徊するなどの BPSD が出現することが予想される．包括的・継続的ケアマネジメントを目指すのであれば，そうした環境の変化による BPSD に予防策を準備しなければならない．本事例では，そのような予防策が家族によって行われており，BPSD が深刻化する前に対応策をとることができている．ケアマネジャーの多くは，認知症高齢者の BPSD に対する対策としてデイサービスが有効な手段であることを知っており，デイサービスに送致することで BPSD 低減を目指すことはあるが，デイサービスでどのような対応により BPSD 低減が成功するかについては，理解していないことが予見される．

　ケアマネジャーが BPSD について，より詳しい知識をもち，ケアマネジメントに組み込むことで BPSD の予防が可能になる事例もあることが示唆された．さらに，家族介護者が BPSD について知識があれば認知機能障害が進行しても在宅介護が可能であることも示された．ケアマネジャーが十分な知識をもち，BPSD が出現したときにそのつど対応策を家族介護者に教示することができるようになることは，今後考えるべき制度改善の方向であるが，同時に，家族介護者に BPSD 対応策を教示する役割をケアマネジャーばかりでなく他のシステムに

よって遂行することも考えるべきであろう．第2章では，家族介護者にグループであるいは個別にBPSDへの対応方法を教えることは介護者支援に効果があることが示された．家族介護者支援をより有効に行うためには，現在の介護者教室や介護者のサロンにおいて一般的な認知症ケアの心得を教えるのではなく，個別具体的なBPSDへの対応方法の相談にのれるように改変することが必要なのではないだろうか．

V．まとめ

本事例において，ケアマネジャーは，厚生労働省の通知に従い，ケアマネジメント過程を日常業務に組み込んだ活動を行っており，利用者本人と家族の間，あるいは本人・家族とサービス提供者間の意見の違いを調整することも行っていた．しかし，医療的ケアやBPSDについての知識が少ないために，医療連携が進んでいないことが示唆された．褥瘡の処置のようにケアマネジャーの理解している範囲であれば，医療的ケアの紹介と手配は行うことができている．再入院防止およびBPSDについての知識の普及と，介護保険サービスを超えて在宅介護体制を整備する技術をケアマネジャーに普及することが，認知症ケアマネジメントの質を向上させる鍵といえよう．

また，そのようなケアマネジャーの役割をバックアップするためのシステム強化が求められており，特にBPSDへの対応方法を家族が個別具体的に相談できるシステム強化が必要である．

VI．補論；その後の経過

本事例について，その後も担当のケアマネジャーは月1回の定期的訪問を行い，居宅介護支援を続けた．2013年3月まで在宅生活は順調であり，自己ケア能力も向上し，体重も増え褥瘡もできなくなった．

排便のコントロールが食事により可能となったので，訪問看護師の役割は歩行訓練となった．ケアマネジャーは，次に褥瘡ができるような場合にはデイサービスの看護師が対応することを確認したうえで，訪問看護を終了とした．

　2013年2月に利用者の妻が肩の痛みを訴えて入院した．病名は頸椎症で，頸椎の変形により神経がブロックされて四肢麻痺となった．妻が退院するまでは，本人は自宅でひとり暮らしとなったが，デイサービスの用意さえ近くに住む家族が行えば，問題はなかった．3月末には孫の結婚式にも出席し，入院中の妻の見舞いにも出かけていた．しかし，2013年4月29日に妻が退院すると利用者の生活は大きく変わった．

　四肢麻痺の妻は，車いすでなければ生活できないため，トイレと浴室の住宅改修が必要であった．そのため，6月18日から1週間，本人は特別養護老人ホームに妻とともにショートステイした．場所の移動と自宅が改装されたため，見当識障害が進み，自分がどこにいるかわからなくなり，自宅のことを「ここは，北海道の民宿だ」と思うようになった．このときは，外出は手押し車を使用しなければ歩くことができず見守りが必要な状態であったが，夜中になるとひとりで歩くことができ，昼夜逆転のBPSDが頻繁に起きるようになった．

　7月9日，下着を履くことができなくなり，夜中に床に排尿しようとするなど，夜間に何回も起きて室内を歩き回るため，家族が泊まり込んで見守ることが必要になった．娘とその家族5人で泊まり込み体制をつくり，デイサービスは週4回に増やした．

　8月13日，入れ歯が合わなくなったので，歯科受診をすることになった．500メートルほどの距離であったが，手押し車を使っても歩くことができなかった．家族は歩くことにこだわったが，9月ごろから，デイサービスでは転倒を予防するために車いす使用となる．

　認知障害は，徐々に進んだ．

2014年1月3日に離れて暮らす家族が集まり，小さな子供たちも来訪した．1月5日に夜中2時に起きて鍋を空炊きしていた．

1月6日，夜9時ごろ，家族が帰宅すると電話があり，「外で5人の子どもが倒れている」といい，7日の朝になっても「あれはもう死んだだろうな」とこだわっている．

1月8日朝4時に起きて，おなかが空いたという．

1月9日，朝起きると尿失禁しており，家族が本人をシャワーで洗い着替えをさせると，本人は失禁したことを理解しており「俺おかしいんだ．家に連れて帰ってほしい」と家族に頼んだ．

2014年1～2月にかけて，風邪を引き発熱することが3回あったが，そのたびに訪問医が往診して漢方薬を処方し，肺炎を予防して入院を回避することができた．

2月19日，パジャマ姿に裸足でマンションの玄関にいたところを，知人に保護された．本人は「タクシーで空港にいくところ」と説明した．

2月20日，夜中にコーヒーを飲もうとして鍋を2つ焦がしていたので，家族が台所にフックをつけた．しだいに歩行能力が低下し，台所まで歩いてくることができなくなった．

4月までは食事・排便も順調で元気でいたが，寝たきりではないにもかかわらず，徐々に褥瘡もできるようになった．

5月23日には歩き方を忘れていることがわかった．重心を後ろにおき，足を前に出すことができない．手を引いて介助することができないだけでなく，腰を押さえて歩行介助するには相当力がいる．歩こうとして床に座り込んでしまう，また家族が歩行介助していても座り込むように転倒することが増えた．認知障害は進行し，しだいに立ち方さえも忘れてしまうようになったため，室内でも車いすを使用するようになった．

6月16日，ベッドから降りて座り込んでいるところを立たせようと

しても，両膝をついてベッド柵を握っているままであった．家族の機転により靴をはかせると，立ち方を思い出し右足を身体の前に出して立ち上がることができた．

7月26日，有料老人ホーム（介護付き）に転居し，ケアマネジャーは当該ホームのケアマネジャーに交代した．転居当日，MMSEを測定したところ15点であった．その後も元気で食欲旺盛であったが，10月以降，誤嚥性肺炎を繰り返し，隣接する診療所の訪問医が毎日往診をして抗生剤の点滴を行い，そのつど回復した．

10月20日，誤嚥性肺炎により，ほぼ寝たきりとなる．苦痛緩和のため，酸素3l注入と高栄養剤の点滴を開始する．点滴や酸素を外さないように，手にはミトンが着装される．

11月5日，アルブミン値1.3となるが，演歌のCDをかけると「一杯飲もうか」と冗談をいう．

11月23日，意識もうろうとしているが，9月に生まれた曾孫と対面し，わかったかと聞かれると頷いた．

11月25日，有料老人ホームにおいて，家族に見送られて永眠した．

平原[10]も記したとおり，本事例でも認知症の末期に「失禁が出現（重度）し，その後しばらくすると歩行障害が出現」し，「肺炎」「転倒・骨折」などへの「急性期対応が増加」して，「嚥下反射が極度に低下，消失し，飲み込みができなくなる．誤嚥性肺炎を繰り返し，最期は治らない肺炎で死にいたる」という経過をたどっている．

認知症を患う高齢者も，他の高齢者と同様に終末期には緩和ケアが必要となり，ケアの焦点は合併症や感染症，さらには，食べられなくなった人がいかに苦痛なく過ごせるかという点に移っていく．認知症のために言葉で訴えられない高齢者の痛みを把握するためにAbbey Pain Scaleがオーストラリアで開発[11]されるなど，認知症の人の終末期ケアのあり方について検討が始まっている．

また，BPSDも見当識障害から昼夜逆転，幻視の出現などへと変化

し，家族の対応や介護負担も変容していることがわかる．

　認知症高齢者本人が立つことを忘れたときに，靴を履かせることで立つことを思い出させた家族の介護方法は，認知症ケアマネジメントの視点からも興味深い．こうした介護の工夫で生活障害を軽減させることが認知症の「治療」なのである．認知症が認知機能低下と生活障害の 2 軸で定義されるものであれば，介護は非薬物的「治療」であり，認知症ケアマネジメントはそうした介護やケアの工夫を集積したものでなければならない．

　ケアマネジメントとは，第 1 章でも述べたとおり，個人の生活を，包括的に継続して，一定レベルの生活水準を保証するための技法である．認知症ケアマネジメントとは，認知症の高齢者が認知機能の低下とともに生活の場やケア内容が大きく変化することを予測し，対応できるものでなければならない．言い換えるなら，認知症ケアマネジメントの焦点は変化し続け，対応策も変化し続けるものである．

　また，本事例のように，終末期に本人の転居・施設入所（介護型有料老人ホームは，介護保険法上は居宅サービスではあるが，実質的には特別養護老人ホームの代替である）が発生し，そのことによりケアマネジャーが変更になる可能性が大きいとすれば，認知症になる前や軽度だったころの「その人らしさ」を生かすケアマネジメントには，特別の難しさがあるといってもよいだろう．

　「その人らしさ」を重視した認知症ケアが重要であることは，厚生労働省や専門家も指摘するところであるが，こうした生活の場の変遷にあたっては，家族が本人の以前の状態を説明し情報を提供することで，「その人らしさ」を新しい介護スタッフやケアチームに伝えている．

　しかし，そうした家族がいない場合，生活の場やケアの焦点の変化に対応し「その人らしさ」を生かしたケアを提供するためには，認知症のケアマネジメントに託される役割は大きいといえるのではないだろうか．

【文献】
1) 厚生労働省：「認知症高齢者の日常生活自立度」Ⅱ以上の高齢者数について（平成22年推計）(http://www.mhlw.go.jp/stf/houdou/2r9852000002iau1-att/2r9852000002iavi.pdf).
2) 認知症施策検討プロジェクトチーム（平成24年6月18日）：「認知症施策推進5か年計画（オレンジプラン）」について (http://www.mhlw.go.jp/stf/houdou/2r9852000002j8dh.html, 2014.5.24).
3) Moxley DP：Practice of Case Management. Sage Publication, California (1989).
4) 厚生省高齢者介護対策本部事務局監：新たな高齢者介護システムの構築を目指して；高齢者介護・自立支援システム研究会報告書. 22, ぎょうせい, 京都 (1995).
5) 社会保障審議会介護保険部会：介護保険見直しに関する意見（平成16年7月30日）. 46, 2004. (http://www.mhlw.go.jp/shingi/2004/07/s0730-5.html, 2015.4.14).
6) 厚生労働省：平成24年度診療報酬の改定の概要；Part 2 (http://www.mhlw.go.jp/bunya/iryouhoken/iryouhoken15/dl/gaiyou_2.pdf, 2014/8/15).
7) 日本総合研究所：平成23年度老人保健事業推進費等補助金老人保健健康増進等事業　介護支援専門員の資質向上と今後のあり方に関する調査研究介護支援専門員の資質向上と今後のあり方に関する基礎調査報告書. 67 (2011).
8) 日本能率協会研究所：平成25年度老人保健事業推進費等補助金老人保健健康増進等事業　介護支援専門員及びケアマネジメントの質の評価に関する調査研究事業報告書. 34 (2013).
9) 日本総合研究所：平成23年度老人保健事業推進費等補助金老人保健健康増進等事業　介護支援専門員の資質向上と今後のあり方に関する調査研究介護支援専門員の資質向上と今後のあり方に関する基礎調査報告書. 7 (2011).
10) 平原佐斗司：チャレンジ！非がん疾患の緩和ケア. 60-61, 南山堂, 東京 (2011).
11) The Australian Pain Society：Abbey Pain Scale (http://apsoc.org.au/PDF/Publications/4_Abbey_Pain_Scale.pdf).

第4章

認知症ケアにおける効果的アプローチの構造

　事例研究の結果を基に調査項目を作成し，介護保険事業所に BPSD 改善の効果があった事例について質問紙調査を行った．本章では調査結果を質的分析により，BPSD と対応・介入の関係についてカテゴリー化した結果について述べるものとする．

Ⅰ．研究の背景と目的

　認知症のケアにおいては，認知症の行動・心理症状（behavioural and psychological symptoms of dementia；BPSD）への対処を抜きに考えることはできない[1]．

　わが国では，1980年代に入って，BPSD のある認知症高齢者を専門に受け入れる施設ができた[2]．そうした老人専用棟や施設では，BPSD を規制しないことを介護の基本としており，入所者が集団で徘徊をするための「回廊式」のロビーを設け，「自由に」徘徊をさせる施設が出現した．当時，先駆的といわれた施設の介護福祉課係長は，「なにも行動を起こさない寝たきりの状態」になって徘徊等がなくなるときが，「一般の特養ホーム」に移るために退所するときであった[3]，と述べている．ちなみに，「自由」に徘徊させることは，厚生労働省の推

奨する方法でもあった．1988年に創設された「老人性痴呆疾患治療病棟」の設置基準では，長さ50m以上の回廊部を病棟に有することが求められていた．

1. BPSDの「生物学的要因」と「心理社会的要因」

　BPSDに対処することは，特に軽度期から中度期にかけての認知症ケアの焦点であるが，その方法は大きく変化してきている．徘徊であれば，放置するのではなく，行動の背景にある理由を探索し，不安や焦燥感，興奮状態に対応する方法が取られている．認知症患者の不安感や焦燥感，興奮状態は，脳の器質的変化に起因することもあれば，状況を認知できないことや人間関係・環境の変化による，心理社会的要因により生じていることもある．精神科医として，20年近く認知症の治療と福祉に携わってきた高橋は，次のように述べている[4]．
　　「認知症になりゆく人たちのほとんどは，認知症が相当進んでも自分のもの忘れが尋常でないことくらいは自覚しているし，周囲の状況もわれわれが思っているよりはるかにわかっていた．…(略)…認知症になりゆく過程には，多くの人たちに共通する'恍惚の人'という誤った認知症観や認知症恐怖に規定された'心理社会的病理'とよぶ病理構造が認められる」
　心理社会的要因への対応によるBPSDの治療は，すでに海外ではエビデンスの蓄積もあり，その有用性を実証した研究も多い[5, 6, 7]．
　アメリカ精神科医学会が発行する教科書[8]においても，認知機能の変化とBPSDは，「心理社会的要因が，脳のメタボリズムまたは構造上の変化に付加されることによる結果である」と記述され，「生物学的要因と心理社会的要因の双方に対処すること」は，認知症治療の要点であると記述されている．
　前述のように，BPSDへの対処は，本人への働きかけと周囲の環境

への働きかけを含む内容となる．環境への働きかけには，身のまわりの居住環境を整えることから，社会的偏見を是正することまでが含まれているといえよう．そこで，本論では「本人への働きかけ」を「介入」とし，「環境への働きかけ」を「対応」という用語で表し，全体像を「介入・対応」と称することにした．

2. 研究の意義

　厚生労働省の推計によれば，介護保険の要介護認定者のおよそ6割が日常生活自立度Ⅱ以上の「何らかの介護・支援を必要とする認知症のある高齢者」である[9]．認知症ケアの向上が求められ，介護・社会福祉現場ではさまざまな工夫がなされているにもかかわらず，エビデンスとしての蓄積は少ない．認知症ケアのマニュアル化や事例研究は行われているが，BPSDとその介入・対応効果の特性を同定するための研究は少ない．

　筆者は，先行研究を検討し，BPSDに対して効果のあった介入・対応には「生物学的要因と心理社会的要因の双方に対処すること」が，含まれているに違いないという仮説に至った．さらに「生物学的要因」へのアプローチと「心理社会的要因」へのアプローチがどのように実施され，どのように関連しているか，BPSDへの効果的な介入・対応の構造を明らかにする研究に着想した．

　本章では，効果のあった介入・対応策を統計的な解析が可能な量まで収集し，改善の程度を数値でとらえたうえで，BPSD改善に有効なアプローチのモデル化を行うことを目指した．

3. 倫理的配慮

　調査を依頼した介護保険事業所のケアマネジャーまたは介護保険施

設の介護職が，認知症患者および家族に研究の主旨を説明し，介護記録情報の使用について許可を得た．その際に，諾否は自由であり，情報利用の拒否によって不利益は生じないことを，文書と口頭で伝えた．また，匿名化は調査を依頼した事業所で行い，個人を特定できるような情報は使用しないことも，併せて説明した．

本研究は，早稲田大学「人を対象とする研究倫理審査委員会」による審査を受け，承認を得て実施した．

II．研究方法

1．調査の方法

1）調査項目策定のための事例研究

研究1年目にあたる2005年4月〜2006年3月にかけて，東京都と神奈川県下のケアマネジャー5人と介護職5人に依頼し，BPSD症状をもつ認知症高齢者への改善事例を収集した．事例検討をするなかで，どのようなBPSDが存在したか，どのような介入・対応が有効であったかを探索した．

2）質問紙による調査の実施

研究2年目には，事例研究の結果を基に調査項目を作成し，質問紙調査を行った．質問紙調査は，広報を行い，承諾を得られた東京都周辺の2市・四国1県下の介護保険事業所80箇所（居宅介護支援事業所・デイサービス事業所・介護施設事業所）への調査票（各5通）の郵送による配布・回収方式で行った．調査期間は，2006年9月〜2007年2月である．過去5年間に何らかの介入・対応を行ったことにより，BPSDが改善した事例に限定し，BPSDの状況と介入・対応方法，改善の状況について，1事例ごとに調査票に記入してもらった．介護保

第4章　認知症ケアにおける効果的アプローチの構造

険番号の下1桁を記入してもらい，同一地域で類似した事例が生じた場合には，年齢と介護保険番号を照合し事例が重複していないことを確認できる方式を採用した．

2. 調査回答者

　上記の地域で介護保険業務に携わる介護福祉職と介護支援専門員が，調査票に記入を行った．所属する施設や事業所での職務範囲により，介入・対応方法に差があることは予測できたが，本論では，分析に際してあえて職種の限定は行わなかった．認知症高齢者の介護に関わる専門職には，知識と判断に相応の共通性が保たれており，効果のある介入・対応方法の構造把握は，現行の実践の範疇を越えて行われるべきであると考えたためである．

3. 調査項目

　調査項目は，研究1年目に明らかになった，認知症高齢者に出現しやすいBPSD23項目および行われた介入・対応44項目に基づいて，作成された．

　調査票は，BPSD項目と介入・対応項目ごとに空欄のみを設定し，調査協力者が自由記述をすることを基本にした．「その他」の項目も設け，すべてのBPSDと行ったすべての介入・対応が記述できるように調査票を構成した．BPSDは，「まったくない」「時々ある」「ある」「よくある」の4段階で回答を求め，介入前と介入後の変化を調べた．

　また，基本属性，要介護度，認知症日常生活自立度，障害自立度，認知症尺度のスコア，認知症の種類，既往症・慢性疾患，主介護者，BPSDに対する介入・対応が行われた場所，介入期間について回答を

求めた．ADLについて，視力は「みえる」「あまりみえない」「みえない」，聴力は「聞こえる」「あまり聞こえない」「聞こえる」，会話は「自立」「やや困難」「困難」のなかから回答し，立位・更衣・整容・歩行・排泄・食事・入浴・服薬・移乗については，「自立」「一部介助」「全介助」の3段階で回答する方式とした．

これらの項目は，すべて介入・対応前の数値と介入・対応後の数値の記入を求め，改善の状況を数値で把握できるようにした．

Ⅲ．結　果

400票を配布し204票を収集した（有効回収率51％）．同一事業所から複数の調査票が回収されたが，事例の重複はないことが確認できた．

1．調査対象者の基本属性

性別は男51（25％）・女153（75％），年齢は80歳代51％・90歳代22％・70歳代21％，主な介入場所は自宅72（35％）・特別養護老人ホーム44（21％）・老人保健施設31（15％）・グループホーム43（21％）・有料老人ホーム2・その他11・欠損値1である．居住場所と介入が行われた場所は，ほぼ同一であるが，自宅に住んでいても主に介入が行われた場所が，ショートステイ時の施設などであれば，その他に分類した．

認知症の原因疾患についての回答は，アルツハイマー病45％，脳血管障害17％，不明38％であった．認知症と回答された事例は，37％であった．これらは，原因疾患について診断を受けていないものと思われたので不明にカウントした．BPSDへの介入期間は平均値1.3年，中央値1.0年であった．

2. BPSD について

　介入前の症状については，23項目すべてに何らかの記述が記入されていた．さらに，薬の飲み忘れ，人や日付を覚えられない（重度健忘），季節外れの重ね着（失見当）について，「その他」の欄に追加記述されていたため，「中核症状」と命名して1項目を追加した．介入前のBPSDの内容がこの24項目で網羅されたと判断した．

　次に，BPSDの出現と改善の状態を詳しく知るために，症状ごとに，「まったくない」0点，「時々ある」1点，「ある」2点，「よくある」3点として，介入・対応前後値の変化を確認した．24項目のBPSDについてWilcoxonの符号付順位検定を行ったところc_{17}, c_{22}, 以外のすべての項目で介入・対応前後の値に有意な差がみられた．c_{24}は標本数が少ないため検定不能であった（表4-1）．そこで「火の不始末」「性的トラブル」「中核症状」は改善とは見なさず，分析から除外した．これらのBPSDの出現と改善の状況を事例数からみると，出現率がもっとも高かった症状は，「落ち着きなく動き回る（多動）」で6割以上の事例にみられ，「同じ話の繰り返し」「介護への抵抗」は約半数の事例にみられた．もっとも改善率の高かったBPSDは収集癖で，90.9％の事例で何らかの改善を示した．これに対し，「つくり話」の改善率が46.0％ともっとも低かった．「つくり話」と同様に「同じ話の繰り返し」などは，改善率が低かった（表4-2）．

3. 介入・対応について

　介入・対応については，あらかじめ設定した44項目すべてにデータが記入されており，さらに「その他」項目への記述に基づき「訪問介護計画の工夫」「職員の負担軽減」の2項目を追加した．したがって，介入・対応は後述のように，990の介入・対応が行われ，46のサ

表4-1 介入・対応前後のBPSDの変化

	項目内容	Z	P	検定
C01	被害妄想がありましたか	-5.038	0.000	***
C02	暴言をいうことがありましたか	-4.835	0.000	***
C03	暴力を振るうことがありましたか	-4.860	0.000	***
C04	落ち着きがないことがことがありましたか	-7.379	0.000	***
C05	作り話をすることがありましたか	-3.463	0.001	***
C06	同じ話を何度もすることがありましたか	-4.864	0.000	***
C07	外出したらもどれないことがありましたか	-2.836	0.005	**
C08	見えないものが見える幻視がありましたか	-2.985	0.003	**
C09	聞こえないものが聞こえる幻聴がありましたか	-2.389	0.017	*
C10	大声を出すことがありましたか	-4.993	0.000	***
C11	ひとりで出たがるので目が離せないことがありましたか	-4.936	0.000	***
C12	泣くなどの感情の不安定がありましたか	-4.468	0.000	***
C13	介護に抵抗することがありましたか	-6.298	0.000	***
C14	物を集めて回ることがありましたか	-3.236	0.001	**
C15	昼夜が逆転していることがありましたか	-5.043	0.000	***
C16	歩き回ることがありましたか	-4.728	0.000	***
C17	火の不始末がありましたか	0.000	1.000	n.s.
C18	トイレでないところで排泄することがありましたか	-3.887	0.000	***
C19	排泄物をさわることがありましたか	-3.228	0.001	**
C20	異食することがありましたか	-2.412	0.016	*
C21	物や衣類を壊すことがありましたか	-3.132	0.002	**
C22	性的なトラブルがありましたか	-1.414	0.157	n.s.
C23	無気力・無関心な状態でいることがありましたか	-3.660	0.000	***
C24	中核症状	-	-	-

(注1) Wilcoxon の符号付順位検定.
(注2) ***: $p<.001$, **: $p<.01$, *: $p<.05$
(注3) 欠損値を除外.

ブカテゴリーが生成された．さらに46のサブカテゴリーは，[健康面への介入・対応][環境面への介入・対応][能力を維持するための課題への介入・対応][介護側のコミュニケーションの改善][家族・介護者状況への介入・対応][事業マネジメント改善]の6つのカテゴリーに統合された．

第4章 認知症ケアにおける効果的アプローチの構造

表4-2 BPSDの内容別改善率（事例数）

BPSD内容	総数	改善数	改善率
多動	130	96	73.80%
同じ話	102	55	53.90%
介護に抵抗	94	63	67.00%
被害妄想	78	49	62.80%
徘徊	75	44	58.70%
昼夜逆転	73	54	74.00%
無断外出	71	54	76.10%
暴言	69	44	63.80%
大声	64	47	73.40%
感情失禁	56	38	67.90%
無気力	56	37	66.10%
つくり話	50	23	46.00%
暴力	47	36	76.60%
収集癖	44	40	90.90%
幻視	36	22	61.10%
排泄	34	25	73.50%
迷子	34	20	58.80%
ろう便	26	16	61.50%
火不始末	22	12	54.50%
破損	21	15	71.40%
幻聴	19	13	68.40%
異食	16	10	62.50%
総計	1224	817	66.70%

表4-3 介護側のコミュニケーションの改善

サブカテゴリー	n
ゆっくり会話できる時間を確保した	104
嫌がることは勧めないようにした	50
声かけ見守り	28
指示をするような話し方をしないようにした	21
話題の工夫	20
返事が返ってくるまで待った	18
手順の教示	12
出来ないことを指摘するような言い方はしないようにした	8
本人の前で本人のことを他人に話さないようにした	8
試すような質問をしないようにした	5
計	274

表 4-4 環境面への介入・対応

サブカテゴリー	n
他の人との出会いや交流の機会をつくった	76
落ち着ける場所を探した	39
本人のペースに合わせた生活ができるよう環境を変えた	36
なじみのない環境への対応	31
場所の情報や標識の欠如への対応	12
参加グループを小さくした	12
広すぎるあるいは狭すぎる環境を変えた	7
多すぎるあるいは少なすぎる物や人への対応	5
多すぎるあるいは少なすぎる音や光・色への対応	4
知覚低下に対応した環境に変えた	2
計	224

1）介護側のコミュニケーションの改善

　［介護側のコミュニケーションの改善］のカテゴリーには，表 4-3 に示すように，10 項目（記述データ数 274）のサブカテゴリーが含まれる．「声かけ見守り」は，「他の入居者と会話等になじめなかったが，やさしい声かけをしていくことで，気持ちがほぐれ笑顔が出てきた」のような関係形成を意識したコミュニケーション上の介入であった．

2）環境面への介入・対応

　［環境面への介入・対応］のカテゴリーには，表 4-4 に示すように，10 項目（記述データ数 224）のサブカテゴリーが含まれる．

3）健康面への介入・対応

　［健康面への介入・対応］のカテゴリーには，表 4-5 に示すように，11 項目（記述データ数 216）のサブカテゴリーが含まれる．
　「視覚・聴覚の低下への対応」には，「左眼の視野が狭いのか，食事時お膳の左側にあるご飯等がないといわれることがあるので，お膳を少し右に寄せたらいわれなくなった」「難聴にて，ホワイトボードに大き

第4章　認知症ケアにおける効果的アプローチの構造

表 4-5　健康面への介入・対応

サブカテゴリー	n
服薬の調整	36
疲労・睡眠不足への介入・対応	27
便秘への介入・対応	26
身体的不快への介入・対応	25
視覚・聴覚の低下への介入・対応	20
低栄養への介入・対応	19
脱水への介入・対応	19
無気力状態への介入・対応	15
慢性疾患への介入・対応	15
痛みへの介入・対応	12
急性疾患への介入・対応	2
計	216

表 4-6　能力を維持するための課題への介入・対応

サブカテゴリー	n
リズムのない日常生活への対応	74
時間がかかっても自分でできることをしてもらった	47
課題を簡単なものに変えた	16
障害にあわせて課題を修正した	14
地域の活動に参加する機会をつくった	12
計	163

く字を書くことによって伝達ができるようになった」等の記述にみられるような，本人の身体への直接的ケア以外の介入・対応がみられた．

4）能力を維持するための課題への介入・対応

［能力を維持するための課題への介入・対応］のカテゴリーには，表4-6に示す，5項目（記述データ数163）のサブカテゴリーが含まれる．

5）家族・介護者状況への介入・対応

［家族・介護者状況への介入・対応］のカテゴリーには，表4-7に示すように，8項目（記述データ数111）のサブカテゴリーが含まれる．

表4-7 家族・介護者状況への介入・対応

サブカテゴリー	n
家族・介護者のストレスへの介入・対応	27
家族・介護者の介護負担への介入・対応	26
家族・介護者の本人に対するコミュニケーションへの介入・対応	21
家族・介護者のうつ状態など精神的疲労面への介入・対応	16
家族・介護者の身体的疲労面への介入・対応	8
家族・介護者の疾患(持病)への介入・対応	5
家族・介護者の不適切な介護への介入・対応	5
家族・介護者の経済負担への介入・対応	3
計	111

表4-8 事業マネジメントの改善

サブカテゴリー	n
介護計画の工夫	1
職員の負担軽減	1
計	2

6) 事業マネジメントの改善

　[事業マネジメントの改善]のカテゴリーには，表4-8に示すように，2項目（記述データ数2）のサブカテゴリーが含まれる．「介護計画の工夫」は，ケアマネジャーがホームヘルパーに仕事内容を「検討してもらったところ，冷蔵庫のなかのものの一覧表をつくった．その結果，若干訴えは少なくなった」という記述に基づくものである．「職員の負担軽減」は，「マニュアル化し，職員配置がきちんとできる時間（10時ごろ）から車いすに乗っていただくようにして職員の移乗介助・見守りの負担を軽減した」という記述に基づくものである．

第4章　認知症ケアにおける効果的アプローチの構造　　　133

Ⅳ．考　察

1．介入・対応モデル

　本調査では，介入前の BPSD は 24 種類の症状として出現していた（表 4-1）．これらの BPSD は，改善した BPSD である．日本総合研究所が 2011 年に行った介護支援専門員への調査では，2,878 人の認知症のある利用者に存在する BPSD について種類を聴取し，公表しているが，明らかになった BPSD は 15 種類であり，内容についても，本調査とほぼ同様の結果であった [10]．その事実から考えると，本調査により明らかとなった BPSD の改善は決してある種の BPSD に偏っているわけではなく，BPSD 全般に改善できる可能性があることが示唆された．

　また，1 事例において平均 6 種類余の BPSD が存在し，BPSD が 1 種類しかない事例は，わずかに 17 事例（8％）のみであり，認知症高齢者の BPSD の発生そのものが複数の症状として起こる実態を反映している．また，介入・対応方法も 1 事例に対し 4，5 種類に及んでおり，そのいずれが特定の BPSD に対し有効性を発揮したものか同定することは困難であった．

　つまり，5つのカテゴリー［介護側のコミュニケーションの改善］［環境面への介入・対応］［健康面への介入・対応］［能力を維持するための課題への介入・対応］［家族・介護者状況への介入・対応］は，BPSDの種類を問わず全体的に実施され，複合的な効果を発揮するものであることが示唆された．言い換えると，介護福祉現場では「生物学的要因と心理社会的要因の双方に対処すること」が混在して試行され，介入・対応方法に意識的区別はしていないといえる．各カテゴリーに共通する要素を抽出し，カテゴリー間の関連を図式化したものが，図4-1である．円の大小は，記述データに基づく介入・対応行動の量を表す．

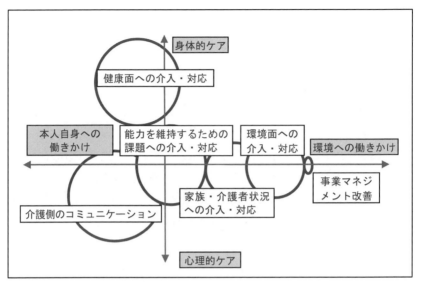

図4-1 BPSD への効果的介入・対応モデル

　BPSD を発症した高齢者への働きかけは，身体的不快，痛み，不眠，便秘，低栄養への対応といった「身体的ケア」と，ストレスや不満を受け止めて会話，話題を工夫するなどの「心理的ケア」が縦軸となっている．

　横軸は，個体や内面への働きかけを中心とする「本人自身への働きかけ」と，その対極には人間関係と物理的環境を含めた「環境への働きかけ」によって構成されると解釈することができた．

　6つ目のカテゴリー［事業マネジメントの改善］は，他の6カテゴリーと比べると行われることがまれな介入・対応であったが，有効な記述データすべてをひとつも省かず，カテゴリー化し図示することにした．

2. 非薬物的介入・対応を中心とする「身体的ケア」

　［健康面への介入・対応］の 11 項目（n=216）は，主として「生物

学的要因」への介入と解釈することができる．「生物学的要因」への介入は医療的処置が中心であり，薬物療法が多くなると予測されたが，薬物療法について記述されたデータ数は 36 で，介入・対応全体の 3.6％，健康面への介入・対応の 16.6％にとどまる結果となった．

　1970 年代に日本で行われていた身体抑制や薬物による行動制限は，BPSD に関連する主要な対応策であり，本人を保護するという理由で抗精神病薬が多用されていた．しかし，高齢者への抗精神病薬の投与は過鎮静や転倒，嚥下障害，肺炎などを生じやすいことが知られるようになり，最近では，一般臨床医が使用する BPSD の診療マニュアルのなかでも，「薬物療法は非薬物療法を試みて改善がなかったときの最後の手段」と表記されるようになった[11]．

　本調査の結果も，身体的・精神的健康面への介入において非薬物的対応の割合が大きく，便秘，身体的不快，低栄養などへの介入・対応の内容をみると，服薬や医療的処置よりも生活の管理による対応が多かった．

　たとえば，「無気力症状」への介入・対応の項目には，15 事例に 17 の記述データが書き込まれたが，興味深いことは，抗うつ薬等の薬物による治療・介入はまったく行われておらず，本人の社会的役割と社会性を高める工夫が行われていた．17 の記述データは「会話やレクリエーションの工夫」「家事や買い物に参加」「デイサービスやリハビリテーションの利用促進」に分類できた（表 4-9）．無気力症状への介入・対応は，内容を吟味してみれば，「他の人との出会いや交流の機会をつくった」というサブカテゴリーと近似しており，［健康面への介入・対応］ではなく［環境面への介入・対応］のカテゴリーを構成すると考えることもできる．

　つまり，「身体的ケア」は「生物学的要因」へのアプローチと「心理社会的要因」へのアプローチを含むものであった．

　老年精神科看護では，従来から，慢性疾患によるストレスと役割・

表4-9 無気力状態への介入・対応の内容

介入・対応の内容	n	記述データ(15事例17記述)
会話やレクリエーションの工夫	5	「会話や歌などを通じて1対1での対応を行った」「他利用者がいない居室や外の場所での食事を誘い,徐々に居室外で過ごす時間を増やした」「職員との会話や集団レクリエーションに参加を促した」「レクリエーションを行うことで,意欲的に行事に参加するようになった」「介護者,ヘルパー息子夫婦,嫁,孫などいろいろな人々が以前より多く訪れ,関わることで明るさが戻ってきた
デイサービス・リハビリの活用	7	「デイサービスにくるいろいろな人と会話をするようになり,家人に対して悪口が減るなど,精神低に安定してきた」「デイサービスを利用し,定期的に外出する機会を確保した」「日中ベッドで横になっていることがほとんどだったので,定期的にデイサービスを利用することで,外出の機会活動性の向上,社会性の拡大を図った」「人と接することがもともと好きなひとであったので,訪問リハビリから通所リハビリへと具合につなげていき,自宅でそわそわするようなことが少なくなった」「早急に本人,奥様が希望する通所リハビリを導入し,心身の活性化を図り,少し体力にも自信がついてきましたと話されるようになった」
家事や買い物の活用	5	「家族やヘルパーが様子をみながら気をつけている」「ケアワーカーと一緒に外出,買い物を行ったら表情が明るくなる場合がある」「買い物や散歩等に出ることにより,表情が穏やかであった」「自室にこもることが多かったが,家事や散歩等で前向きな気持ちをもたれた」「日中ボーっとしていることが多かったがヘルパーが入り,一緒に調理を行うなど(掃除を一緒にする)したら,促しがあればできる部分が増えた.(笑顔も多くなった)」

自立の喪失が「抑うつ」と関係することが指摘され,「基礎的な身体疾患は抑うつ症状を減少させるために,まず第1に治療する必要がある」と考えられている[12].身体的疾患が真の原因である場合,環境を変えることで「無気力」を改善しようとしても,改善に結びつかないことが多く見受けられる.

実は，204事例のなかで，格段に認知機能が改善した事例がひとつだけ存在した．それは，白内障の手術を受けて視力が回復した事例であった．高齢者が受けられる一般的な医療を認知症であるがために受けられず，病気や身体的障害を認知症状と誤解され，BPSDが改善できないという事例が他にも存在していると思われた．
　このように，調査結果からは，BPSDへの介入・対応が，一般において「生物学的要因」に対処すべきところを「心理社会的要因」へのアプローチで代替している可能性も予見された．

3．コミュニケーションを中心とした「心理的ケア」

　［介護側のコミュニケーションの改善］には，会話の適切なペースの確保（個別化）や自己決定の尊重，非指示的態度などバイステック（Felix P. Biestek）の7原則やカール・ロジャーズ（Carl Ransom Rogers）の来談者中心療法（client-centered therapy）にも通じる介入・対応行動が含まれていた．しかし，本調査で明らかになったことは，構造をもった面接で行われるような「心理的ケア」よりは，BPSDを何らかの表現としてとらえ，その原因を取り除く，あるいは要望にこたえることで効果を上げているということであった．やはり，BPSDは行動や症状による「間接的言語表現」としてとらえるべきであろう．イギリスのケア実践綱領[13]では，次のように述べている．
　　「スタッフは，入居者の行動の変化や，問題を示す間接的な言語表現に注意しなければならない．たとえば，泌尿器系の感染症によって突然精神的な混乱状態に陥る場合がある．また，混乱した行動は便秘のため大声で助けを求めているためなのかもしれない．入居者の行動に変化がみられる場合，苦痛があるがどうかについて常に注意深く観察すべきである」
　BPSDが間接的言語表現であるならば，それにこたえる介助行動や

生活支援行動もまた，介護福祉職による間接的言語表現である．よって，BPSDのある高齢者への「心理的ケア」は，認知機能の障害が重傷になるに従って，限りなく「介助行動」に形態を変化させる．たとえば，Bell V.[14]はデイサービスの送迎をするときに，知らない人ではないことを伝えるために，家族の名前などを織り込んだ「声かけ」をしながら介助をすることを推奨している．それは「心理的ケア」であり，同時に介助行動である．さらに，認知能力が低下すれば，身体感覚を通じて，知らない人ではないことを伝えなければならない．

今回の調査結果からは，効果的な事例では，コミュニケーションの改善が他の介入・対応と組み合わせて行われることが明らかになり，前述のような経験知に基づく認知症ケアが実施されていることを実証したともいえる．

4. 環境への働きかけ；状況適合性に見合った「場」の再構築

[環境面への介入・対応]と[能力を維持するための課題への介入・対応]は，認知機能の障害に伴って変化する社会的環境と個人の間に生じるギャップを調整する努力と理解することができる．つまり，この2つのカテゴリーは主として「心理社会的要因」へのアプローチであり，認知症ケアの中心課題といえよう．ICF（国際生活機能分類；International Classification of Functioning, Disability and Health）の基準が修正されたことにもみられるように，社会性を高め，社会参加を積極的に促進することは，人間としての機能を維持・発揮するためには不可欠の支援である．

Goffman E.[15]は，個人はある状況のなかに入ると，状況に必要な「役割を担い（come into play）」「状況に適合するように要求される」と，公共の場における人間行動を分析している．つまり，「状況」「集まり（public place）」ごとに「コミュニケーションは厳格な規範の規

制を受けて」おり，規制があることによって「コミュニケーションの流れの秩序が保たれる」ということである．

　認知症は，それまで「集まり」の場での規範を理解し，適切な役割を遂行できていた人々が，認知機能の低下に伴い「状況への適合性」を失う現象である．そのことを自ら感じ，「集まり」を避けることが「無気力」の原因であり，過去に適応していた「集まり」を失った不安が「多動」「徘徊」等の原因であると考えることもできる．本調査で明らかになった「心理社会的要因」への対応の主たる機能は，認知症患者にとってルールの単純で明確な「状況」，換言すれば「新たなコミュニティ」を作り出すことによって，認知症患者が参加し社会的役割・社会性を発揮できる「場」を再構築することであった．

　［環境面への介入・対応］でも，「落ち着ける場所を探した」などは，物理的空間であると同時に，「注目を集めない」等，本人が適合できる範囲の「規制」状況にある「場」を探すことと解釈することができよう．同様に，［家族・介護者状況への介入・対応］においても，家族・介護者が本人の変化に合わせて新ルールによる「場」を家庭内に再構築する介入が行われ，効果に結びついたと考えることができる．

5. 心理社会的要因へのアプローチ

　今回の調査から，効果的アプローチは心理社会的要因に作用することが明らかになった．心理社会的要因は，主として認知機能が低下することによる個人の内面に生じる変化と，それに付随する，家族関係を含む社会的環境の変化という側面から構成される．「個人と環境の適合」は，歴史的に社会福祉援助の中心的課題であると考えられてきた[16-18]．特に「心理社会的」アプローチ[19,20]は，ソーシャルワークが専門領域としてきた技法である．

　「心理社会的要因」の視点からBPSDの発生機序を理解し，対応す

ることが必要であるならば，ソーシャルワークのアプローチは介護福祉現場で役立つと思われる．しかし，ソーシャルワークと介護福祉の関係を論じた文献によれば，介護のなかでソーシャルワークの技法が活用されていると指摘する専門家がいる[21,22,23]一方で，介護福祉職はソーシャルワークを「意識化できていない」と評価されている[24]．

　介護福祉のアプローチは相談援助の言語的コミュニケーションを中心とするものではなく，より介助や日常生活支援といった手法を中心とするものとなる．こうした介護福祉現場における援助の特性が，BPSDの心理社会的要因へのアプローチをみえにくくし，さまざまな誤解をも生じさせる原因となっていると推察する．一例を挙げると，老人福祉施設における介護福祉職のBPSDへの介入・対応方法について，利用者との「その場における相互行為の結果ととらえられていなかった」[25]ことを問題視する研究も存在する．このような研究のデータは介護福祉職の「語り」に基づいており，BPSDを認知症の人と介護者の相互行為ととらえていない介護福祉職は少ないにもかかわらず，自らの行動を説明できなかったために，研究者に誤解を与え，介護福祉現場における心理学的視点の欠如が指摘される結論となっている．

　本研究では，現実に行われていることが意識化されないために，介護福祉職の「語り」に現れないような認知症ケアの実態を把握することができたといえよう．BPSDへの介入・対応と心理社会的要因へのアプローチの関係を意識化することで，介護業務に求められる専門性を正確に把握し，他の専門職に伝えることもできるようになるのではないだろうか．

　認知症ケアについての効果的アプローチのモデル化を行うことは，介護福祉とソーシャルワークの関係のみならず，介護福祉業務の専門性を明確にするうえでも役立つと思われた．

V. 結　論

　本研究から明らかになった効果的アプローチの構造は，第1にBPSDは複合的に発生しており，効果的な介入・対応には「生物学的要因と心理社会的要因の双方に対処すること」が含まれているということである．また，「生物学的要因」へのアプローチよりは，環境や社会的関係の変化への対応を支援する方法，つまり「心理社会的要因」を焦点とするアプローチが多用されていた．

　第2に，効果的アプローチは，［介護側のコミュニケーションの改善］［健康面への介入・対応］［環境面への介入・対応］［能力を維持するための課題への介入・対応］［家族・介護者状況への介入・対応］［事業マネジメントの改善］であった．

　第3に，ルールが単純で明確な「状況」「コミュニティ」を作り出すことによって，社会的役割・社会性の発揮を促進することが「心理社会的要因」アプローチの主要な課題と考えられていることが明らかになった．反面，医療処置や服薬調整によって改善できる事例を積み残す可能性について，留意すべきであることが示唆された．

【文献】

1) 日本老年精神医学会監：アルツハイマー型痴呆の診断・治療マニュアル．ワールドプランニング，東京（2001）．
2) 中野いずみ：認知症ケアの模索；1970-80年代における特別養護老人ホームの実践から．社会福祉，50：141-153（2009）．
3) 松尾チカ：東村山ナーシングホームの特別介護棟．（本間　昭，新名理恵編）現代のエスプリ；痴呆性老人の介護，106，至文堂，東京（1996）．
4) 高橋幸男：認知症の精神症状；BPSDとその治療，対応を再考する．老年精神医学雑誌，21(増刊号-Ⅰ)：124-129（2010）．
5) Eccles M, Clapp Z, Grimshaw J, et al.：North of England evidence based guideline development project; methods of guideline development.

BMJ, 317：802-808 (1998).
6) Doody RS et al.：Practice parameter；Management of dementia（an evidence-based review）；Report of the Quality Standards Subcommittee of the American Academy of Neurology. *Neurology*, 56：1156-1166 (2001).
7) Tilly J, Reed P：Evidence on interventions to improve quality of care for residents with dementia. Alzheimer's Association, 2004 (http://www.alz.org/national/documents/dementiacarelitreview.pdf, 2010.10.20).
8) Weiner MF, Lipton AM：The American Psychiatric Publishing Textbook of Alzheimer Disease and Other Dementias. 150, American Psychiatric Publishing (2009).
9) 社会保障審議会：介護保険部会（第47回）資料2：認知症施策の推進について（平成25年9月4日）(http://www.mhlw.go.jp/file/05-Shingikai-12601000-Seisakutoukatsukan-Sanjikanshitsu_Shakaihoshoutantou/0000021004.pdf, 2015.6.19).
10) 日本総合研究所：平成23年度老人保健事業推進費等補助金老人保健健康増進等事業 介護支援専門員の資質向上と今後のあり方に関する調査研究介護支援専門員の資質向上と今後のあり方に関する基礎調査報告書．31 (2011).
11) 鮫島秀弥, ほか：一般臨床医のための認知症における精神症状と行動障害対応マニュアル．鹿児島県医師会鹿児島県医師国民健康保険組合．6-7 (2009).
12) Browning MA：Depression. In Geriatric Nursing, 132, The C.V.Mosby Company (1990).
13) Centre for Policy on Aging： A Better Home Life; A cord of good practice for residential and nursing home care, 1996（小田兼三, ほか訳：高齢者施設ケアの実践綱領；イギリスの高齢者居住施設とナーシングホームの運営基準, 学苑社, 1999).
14) Bell V, Troxel D：Best Friend Approach. 65-90, Health Professions Press (2009).
15) Goffman E：Behavior in public places. 24-25, the Free Press (1963).
16) Richmond ME：What is social case work?；An Introductory description. 98-99, Russell Sage Foundation (1922).
17) Bartlett HM：The Common Base of Social Work Practice. National

Association of Social Workers, 1970（小松源助訳：社会福祉実践の共通基盤，130，ミネルヴァ書房，京都，2009）．
18) Gitterman A：Advances in life model of social work. In Social work treatment：Interlocking theoretical approaches, ed. by Turner F, 4th edition, 390, the Free Press (1996).
19) Hamilton G： Theory and practice of social case work. Colombia University Press (1940).
20) Hollis F：Casework; A Psychosocialtherapy. New York Random House (1964).
21) 大和田猛：社会福祉実践としてのケアワークの内容．ソーシャルワークとケアワーク，169，中央法規出版，東京（2004）．
22) 根本博司：保健・福祉サービス提供上必要な方法；高齢者・家族のためのソーシャルワーク．（折茂　肇編）新老年学，1533-1544，東京大学出版会（1999）．
23) 笠原幸子：ケアワーカーが行うアセスメントの特徴に関する一考察；ホリスティック概念を視野に入れて．四天王寺大学紀要，48：77-90 (2009).
24) 八木裕子：介護福祉士資格がソーシャルワークにもたらしたもの；介護福祉士にソーシャルワークは不用なのか．ソーシャルワーク研究，37(2)：27-34 (2011).
25) 堀　恭子：認知症デイサービスの職員は介護をどのように意識しているか；介護の体験を探索的にモデル化する試み．老年社会科学，32(3)：317-326 (2010).

第5章

認知症の行動・心理症状と効果的な介入・対応の関連（量的分析1）

　本章では，認知症の行動・心理症状（behavioral and psychological symptoms of dementia；BPSD）の改善に対し効果があった事例について質問紙調査を行った結果を，収集した204事例のうち施設入所者130事例について統計的に分析する．また，コレスポンデンス分析により，改善したBPSDと行われた対応・介入行動の関係を明らかにする．

I．研究の背景と目的

　2005年介護保険法改正にあたっては，制度の持続可能性にとって，認知症ケアの向上が重要であることが確認された[1]．特に，介護費用が高額となる施設において認知症高齢者の割合が多く，特別養護老人ホームにおいては，7割以上の入所者に「何らかの認知症による障害がある」といわれている[2]．しかし，高齢者介護施設における認知症ケアについては，「不毛な介護の現状」が「本人を混乱の渦に追い込んでいる」のではないかという批判が現場から提起される[3]ほど，課題が山積している．
　認知症ケアについては，すでに前章までに述べたように，認知機能低下という中核症状とBPSDを区別して考えることが，重要である．

東京都の調査では，在宅認知症高齢者の79%に何らかのBPSDが認められ，特に中等度の認知症でのBPSDの発現率は89.7%であった[5]．

メイヨークリニックが発行しているガイドブックでは，2次的要因として生じるBPSDについては「薬物療法やパーソナルケアを通じて」治療可能であり，その治療は認知症患者や介護者のQOL（quality of life；生活の質）を非常に高めるものであると述べられている[6]．

それでは，どのような薬物療法やパーソナルケアを行うことがBPSDの改善に結びつくのだろうか．各国でエビデンスに基づくガイドラインづくりが進んでいる．アメリカの神経科医学会からは，認知症治療・介護に関するガイドラインとして報告書 "Practice parameter; Management of dementia (an evidence-based review)" が発行されている[7]．また，アメリカのアルツハイマー協会からは，"Dementia Care Practice Recommendations for Assisted Living Residence and Nursing Home" として介護施設向けケアガイドラインが発表されている[8]．このガイドラインについても，エビデンスを収集しレベル分けした研究に基づいて作成されている[9]．イギリスでは，多職種の研究者からなるNorth of England evidence based guideline development projectによって認知症治療ガイドラインが作成されている[10]．

わが国においては，「アルツハイマー型痴呆の診断・治療・ケアに関するガイドラインの作成（一般向け）に関する研究」によりガイドラインが2003年3月1日に作成されている[11]．しかし，音楽療法等の非薬物療法については実証的研究が散見されるが，BPSDの改善に結びつく日常生活上のケアについては，エビデンスが蓄積されているとは言い難い．

BPSDを改善するケアの方法については，介護職や家族介護者のためのウェブサイトも登場するようになった．しかし，これらのサイトは，看護・介護専門職や家族の体験を基につくられているものの，実証的研究に基づくBPSDの治療・対応策が推奨されているわけではない．

また，BPSDの治療・対応について現状を明らかにする研究は行われてはいるが，事例研究や介護職・家族へのインタビュー調査の結果を質的に分析した研究がほとんどである．BPSDの発生機序は，個人の生活歴や特性によって個別性が強いため，量的なデータを収集することは容易ではないが，共通する傾向を知り，エビデンスに基づくBPSDケアを確立するためには統計的な分析は不可欠である．

本研究では，BPSDに対し効果のあった介入の実態を明らかにすることを目的として，効果のあった治療・対応策をできる限り収集して，統計的に分析することを目指した．

II．研究方法

1．調査対象と調査方法，調査項目

第4章と同様であるため，121ページを参照されたい．

2．分析方法

1）分析対象

回収数は204件であった（有効回収率51%）．このうち，施設・グループホームに入所している者130例を分析対象とした．在宅の事例では，「デイサービスを紹介した」等の記述はあるものの，デイサービスで行われた介入の内容については不明確なものが多く含まれたため，分析を分けて行うこととした．

BPSD項目は，介入前後で頻度が減少した場合に「改善」，頻度が維持・増加した場合に「維持・悪化」の2値変数とした．介入行動は，「介入」「非介入」の2値変数である．なお，分析対象件数の1割に満たない介入行動は，まれにしか行われない介入と考え，変数から除外した．

2）変数の選定と作成

次の基本属性は 2 値変数に変換した．介入期間は「1 年未満」「1 年以上」，日常生活自立度は「自立」（自立），「介助」（一部介助，全介助），認知症高齢者の日常生活自立度は「自立」（ランク J，A），「見守り」（ランク B，C），障害高齢者の日常生活自立度は「自立」（ランク I，II），「見守り」（ランク III～M）である．

3）解析方法

解析は多重コレスポンデンス分析を利用した．介入のあった BPSD 項目と介入行動項目の各変数のカテゴリ・ポイントから布置図を作成して，改善のあった BPSD 変数と，介入のあった介入行動の変数間の結びつきを，図上で分析した．さらに，介入期間，日常生活自立度，認知症高齢者の日常生活自立度，介入前の ADL の状態を補助変数として投入し，2 変数間の結びつきとの関連を図上に示した．

解析は，統計パッケージ SPSS 19J を用いた．

3．倫理的配慮

第 4 章と同様であるため，121 ページを参照されたい．

III．結　果

1．調査対象者の基本属性

対象者の基本属性の最頻値は，次のとおりである．性別は，女性の 76.9％であった．年齢階級は，80 歳代の 44.6％であった．原因疾患は，アルツハイマー型の 43.1％であった．介入が行われた場所は，特別養護老人ホームとグループホームがそれぞれ 33.1％である．

第 5 章　BPSD と効果的な介入・対応の関連（量的分析 1）

　介入前の指標は，介護度が要介護 2 の 38.5%，認知症高齢者の日常生活自立度は，Ⅱb（家庭内で半自立）の 24.6% であった．また，障害高齢者の日常生活自立度は，最頻値が A（外出時要介助）の 57.7% であった．

　介入期間の中央値は 0.7 年，最頻値は 0.4 年，0.5 年，0.6 年であった（表 5-1）．

2. BPSD と介入行動の関連性

　130 事例に対して，多重コレスポンデンス分析を行った．得られた固有値は 5.942，3.977，2.788，2.610 の順で減少し，次元 2（3.977）と次元 3（2.78）の間に変化の違いがみられた．そこで，次元 2 までを解析対象とした．ついで，次元 1 と次元 2 のカテゴリ・スコアを利用して，64 変数の布置図を作成した．解析に利用した変数は，表 5-2 のとおりである．

　BPSD の「改善」変数の分布と介入行動の「介入」変数は，布置図の第 2 象限に分布する傾向がみられた．これらの変数の分布は相互に重なり合い，他方，BPSD の「維持・悪化」変数と問題行動の「非介入」変数は，それぞれ独立して分布していた．よって，「介入」行動と BPSD の「改善」の間には関連性のあることが認められた（図 5-1）．BPSD の 32 変数（「改善」「維持・悪化」）と介入行動の 32 変数（「介入」「非介入」）．

　また，介入前の要介護度，ADL，日常生活自立度（認知症高齢者・障害高齢者）を補助変数として投入した．補助変数は，分析変数（BPSD，介入行動）の相関に影響を与えず，カテゴリ・スコアを付加できる変数投入の方法である．これらの属性変数は，BPSD の「改善」変数および介入行動の「介入」変数の分布とは重ならず，介入行動の「非介入」変数の分布と重なる傾向がみられた．

表5-1 分析対象者の基本属性

属性変数			度数	%	検定(※)
	計		130	100.0	-
性別	女性		100	76.9	***
	男性		30	23.1	
年齢階級	60歳代		8	6.2	***
	70歳代		25	19.2	
	80歳代		58	44.6	
	90歳代		37	28.5	
	合計		128	98.5	
	欠損値		2	1.5	
施設種別	特別養護老人ホーム		43	33.1	**
	老人保健施設		31	23.8	
	グループホーム		43	33.1	
	合計		117	90	
	欠損値		13	10	
原因疾患	アルツハイマー型		56	43.1	**
	脳血管性		23	17.7	
	老年性		50	38.5	
	合計		129	99.2	
	欠損値		1	0.8	
介護度（介入前）	要支援		1	0.8	***
	要介護1		7	5.4	
	要介護2		50	38.5	
	要介護3		45	34.6	
	要介護4		20	15.4	
	要介護5		7	5.4	
日常生活自立度（介入前）	認知症高齢者	I	1	0.8	***
		II	5	3.8	
		IIa	11	8.5	
		IIb	32	24.6	
		III	13	10.0	
		IIIa	19	14.6	
		IIIb	24	18.5	
		IV	16	12.3	
		IVb	2	1.5	
		M	6	4.6	
		計	129	99.2	
		欠損値	1	0.8	
	障害高齢者	J	13	10.0	***
		A	75	57.7	

第5章　BPSDと効果的な介入・対応の関連（量的分析1）

		B		27	20.8
		C		14	10.8
		計		129	99.2
		欠損値		1	0.8
介入期間	1年未満			78	60.0	**
	1年以上			45	34.6
	欠損値			7	35.4
	最頻値		0.4年	12	9.2	-
			0.5年	12	9.2
			0.6年	12	9.2
	平均値±SD			1.0年±0.9年	
	中央地			0.7年	

*p<.05, **p<.01, ***p<.001
※カイ2乗検定を使用し，欠損値は除外した．

表5-2　解析に利用した変数

区分	変数		カテゴリ	
BPSD	被害妄想	無断外出	改善	維持・悪化
	暴言	感情失禁		
	暴力	抵抗		
	多動	収集癖		
	作話	昼夜逆転		
	同話繰り返し	徘徊		
	幻視	排泄		
	大声	無気力		
介入行動	服薬調整管理	落ち着く場所確保	介入	非介入
	視聴覚低下対応	自力可能課題実施		
	便秘対応	出会い交流機会確保		
	疲労睡眠不足対応	会話時間確保		
	身体不快対応	指示的口調禁止		
	本人生活ペース確保	嫌がる勧め禁止		
	日常生活リズム確保	話題の工夫		
	なじみない環境改善	声かけ・見守りの実施		

（注）属性変数を除く．

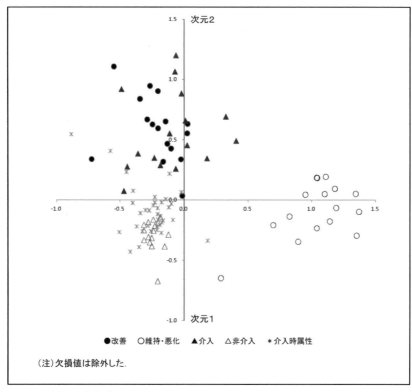

図 5-1 布置図全体像

　参考までに，介入前のBPSDの頻度（4件法）と介入行動（2値変数）に対しても多重コレスポンデンス分析を行った．やはり2次元の布置図が得られたが，変数のカテゴリ・スコアは0の付近に集まり，介入前のBPSDの頻度と介入行動には関連性を認めなかった．

3. 関連するBPSDと介入行動の群

　布置図の第1象限と第2象限を拡大し，BPSD群と介入行動の関係

第5章　BPSDと効果的な介入・対応の関連（量的分析1）　　153

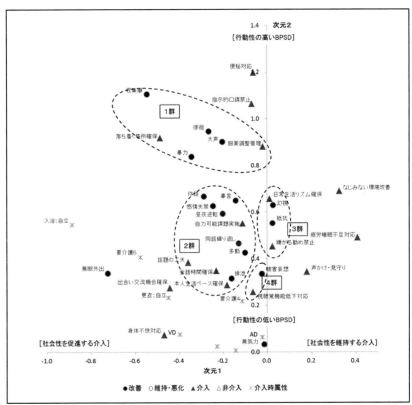

(注)欠損値は除外した．

図 5-2　BPSDと介入行動の布置図

を図 5-2 に示した．

　BPSDと介入行動の内容から，第1軸を，右に寄るほど「社会性を維持する介入」，左に寄るほど「社会性を促進する介入」と命名した．同様に上に寄るほど「行動性の高い BPSD」，下に寄るほど「行動性の低い BPSD」と命名した．

　布置図から関連が確認された各群の構成は次のとおりであることが確認できた．

表5-3 各群の構成と変数

群	区分	変数名	変数の値	
			第一軸	第二軸
第一群	BPSD	収集癖	-0.547	1.106
		暴力	-0.344	0.837
		徘徊	-0.266	0.946
		大声	-0.204	0.902
	介入行動	落ち着く場所確保	-0.487	0.918
		服薬調整管理	-0.020	0.881
第二群	BPSD	作話	-0.288	0.667
		感情失禁	-0.247	0.626
		昼夜逆転	-0.203	0.594
		暴言	-0.144	0.650
		排泄	-0.266	0.946
		同話繰り返し	-0.130	0.466
		多動	-0.101	0.426
	介入行動	話題の工夫	-0.359	0.384
		会話時間確保	-0.232	0.348
		本人生活ペース確保	-0.184	0.287
		自力可能課題実施	-0.112	0.551
第三群		幻視	0.027	0.630
		抵抗	0.024	0.552
	介入行動	日常生活リズム確保	0.011	0.657
		嫌がる勧め禁止	0.024	0.453
第四群	BPSD	被害妄想	-0.025	0.336
	介入行動	視聴覚機能低下対応	-0.070	1.064

　第1群は（BPSD；収集癖，暴力，徘徊，大声／介入行動；落ち着く場所確保，服薬調整管理），第2群は（BPSD；作話，感情失禁，昼夜逆転，暴言，排泄，同じ話の繰り返し，多動／介入行動；話題の工夫，会話時間確保，本人生活ペース確保，自力可能課題実施），第3群は（BPSD；幻視，抵抗／介入行動；日常生活リズム確保，嫌がる勧め禁止），第4群は（BPSD；被害妄想／介入行動；視聴覚機能低下対応）であった．各群を構成するBPSDと介入行動のカテゴリ・スコアは，表5-3のとおりである．

Ⅳ. 考　察

1. 介入・対応と効果の複合性

　介入前のBPSDの頻度（4件法）と介入行動（2値変数）に対して行った多重コレスポンデンス分析の結果，BPSDの頻度と介入行動には関連性を認めなかった．つまり，特定のBPSDの「よくある」状態に特定の介入行動が近接することが予測されたが，そのような事実は発見されなかった．たとえば，暴力のようなBPSDに対しては，頻度が高ければ当然抗精神病薬の投与が行われているのではないかと考えられたが，調査結果からはそのような関連性は存在しなかった．

　ひとりの認知症高齢者に複数のBPSDが重複して発生するため，介入行動も複数行われていることは予測されたが，頻度と介入行動との間に関連性がなかったことで，BPSDへの介入効果は複合的なものであり，介入行動を広く試行して，そのうちのいくつかが効果に結びつくという実態を反映しているものと思われた．

　図5-1において，維持・悪化群がひとつの塊となり，介入とまったく関連のない象限（平面を2つの直線で4分割した部分の1つひとつ）に布置したことは，介入を行わなければ維持・悪化の傾向にあったことを示しており，介入行動が何らかの改善に結びつくことを示している．

　介入前の基本属性はダミー変数である非介入と重なり合っていた．いくつかの基本属性は各群に近いところに布置したが，意味のある解釈は得られず，得定の事例の影響が強かったものではないかと思われた．

2. 攻撃性のある症状への介入・対応効果

　第1群は，行動性・攻撃性があり，ときに破壊的行動を伴う対処が困難なBPSD群である．「収集癖」「徘徊」「大声をあげる」「暴力

を振るう」は，他の入居者に危害を及ぼす，あるいは他の入居者の不穏状態を喚起することから，早急の介入を求められる BPSD である．布置図は，こうした BPSD に対し，「落ち着く場所の確保」と「服薬調整管理」が効果に結びついたことを示唆している．

ちなみに，「服薬調整管理」の内容は 27 の記述データから構成されたが，抗精神病薬の投与により BPSD が改善したという明確な記述は，5件のみであった．残りの 22 件のうち5件が湿布や服薬方法の工夫などであり，13 件が明確な中止，減薬，変更調整であった．

2005 年に米国食品医薬品局より非定型抗精神病薬を高齢の認知症患者の BPSD 治療に用いると死亡率が有意に上昇するとの勧告が出された．最近でも，抗精神病薬を服用していた高齢者は，服用していなかった高齢者に比べ，1.7 倍から 2.6 倍肺炎にかかるリスクが高くなることが報告されている[12]．このような状況を反映して，「BPSD の薬物療法は非薬物療法を試みて改善がなかったときの最後の手段」[13]と考えられるようになった．

本調査でも，抗精神病薬の使用による効果ではなく，服薬については中止，減薬，変更という，文字どおりの「調整管理」が効果に結びついたことが明らかになった．

3．混乱と失見当識の症状への介入・対応効果

第2群は，不安や焦燥に裏づけられ，対処に悩まされるが，混乱と失見当識への対応が主要な課題となる BPSD 群である．「作話」「感情失禁」「昼夜逆転」「暴言」「トイレ以外で排泄する」「同じ話の繰り返し」「落ち着きなく動き回る」BPSD については，「自分でできる課題を与える」「話題を工夫する」「ゆっくり会話する時間を確保する」「生活を本人のペースに見合ったものとする」という，本人の能力への刺激を試みる介入が効果を上げていることが示唆された．

室伏[14]は,「なじみの関係」が認知症治療にとって不可欠であることを提唱し,その後の認知症ケアに多大な影響を与えた.本調査でもこの群にあるような介入行動は「なじみの関係」を構築するための努力と解釈することが可能である.しかし,本調査の結果からは,認知症高齢者を「なじみの関係」により環境に適応させる介入に留まらず,認知症高齢者の残存能力を維持し,社会性を高めるための介入が行われることが,効果に結びついたことが明らかになった.

4. 刺激を回避する介入・対応の効果

第3群は,「幻視」「介護への抵抗」のBPSDの改善と「リズムのある日常生活を送れるようにする」「嫌がることを勧めない」という,刺激を回避する介入行動の関連を示している.認知症高齢者は,日によって気分が異なることが多く,入浴や着替えの拒否が起こることがある.そのようなときに無理強いをせず対立を回避しつつも,日常生活のメリハリをつけることが「幻視」「介護への抵抗」を改善することに結びついている.

ちなみに,幻視15件の内容のうちほとんどが「子どもがいる」というものであった.子どもがみえる幻視は,レビー小体型認知症の典型であるといわれている[15]が,本調査においてはレビー小体型認知症の診断名がある事例は1件もなかった.

5. 被害妄想への介入・対応効果

第4群は,BPSD「被害妄想」と「低下した視聴覚機能への対応」という介入行動から構成された.老年看護学においては,「被害妄想」は,「迫害されているという妄想・他人への正常ではない疑惑である」と定義される.そして,「知覚の鋭敏さが衰えること,特に難聴によ

って混乱と誤った解釈が起こること，また障害・孤独・病気・財政的逼迫による不安」が病因であると考えられてきた[16]．本調査の結果も，「低下した視聴覚機能への対応」の記述データ13件は「聞こえるほうの耳元で話す」「ホワイトボードに書いて伝える」など，すべて「難聴への対応」であり，先行研究を支持する結果となった．

V．まとめ

　本調査の結果，BPSDと効果をもたらす介入行動の関連について，次の4点が明らかになった．第1に行動性，攻撃性のあるBPSDについては「服薬調整管理」を含む，落ち着かせる介入が関連している．第2に，混乱と失見当識への対応が主要課題であるBPSDを改善するには，社会性と能力活用を刺激する介入が適している．第3に「幻視」等生理学的な原因に由来するBPSDについては，対立を避けつつメリハリのある生活を目指す介入が効果に結びつく．第4に，被害妄想改善には聴覚の低下を補完する介入の効果が示唆された．

　本研究は，エビデンスのレベルとしては対照群のない事例研究ではあるが，従来にない量的調査であり，BPSDと介入行動の関係の焦点を絞ることができた．得られた知見については，エビデンス・レベルがさらに高い，コントロール・スタディや無作為化比較試験を目指す手がかりを得ることができたといえるであろう．

【文献】
1) 社会保障審議会介護保険部会：介護保険制度見直しに関する意見．23-25, 2004 (http://www.mhlw.go.jp/shingi/2004/07/s0730-5.html, 2011.10.10)．
2) 川上正子：認知症ケアにおけるリスクマネジメント，オンブズマンの立場から；認知症ケアにおけるリスクマネジメント．日本認知症ケア学会誌，6(3)：454-459 (2007)．
3) 田村　光：認知症のターミナルケア，実践と課題：介護支援専門員から

みた認知症のターミナルケアの実践とその課題；介護支援専門員に求められるもの．老年精神医学雑誌，18(9)：959-965 (2007)．
6) Peterson R, ed.：Mayo Clinic on Alzheimer Disease. 1st edition, 71-72, Mayo Foundation for medical Education and Research, MN, U.S.A. (2002).
7) Doody RS, Stevens JC, Beck C, et al.：Practice parameter：Management of dementia (an evidence-based review)；Report of the Quality Standards Subcommittee of the American Academy of Neurology. *Neurology*, 56：1156-1166 (2001).
8) Dementia Care Practice Recommendations for Assisted Living Residence and Nursing Home. Alzheimer's Association, 2005 (http://www.alz.org/national/documents/brochure_DCPRphases1n2.pdf).
9) Tilly J, Reed P：Evidence on interventions to improve quality of care for residents with dementia. Alzheimer's Association, 2004 (http://timetofacealz.org/national/documents/dementiacarelitreview.pdf 2011. 10.10).
10) Eccles M, Clarke J, Livingstone M, et al.：North of England evidence based guideline development project; methods of guideline development. *BMJ*, 312：760-761 (1996).
11) アルツハイマー型痴呆の診断・治療・ケアガイドライン　厚生労働科学研究費補助金（医療技術評価総合研究事業）（総合）研究報告書 (http://minds.jcqhc.or.jp/n/medical_user_main.php, 2012.10.12).
12) Trifiro G, et al.：Association of Community-Acquired Pneumonia With Antipsychotic Drug Use in Elderly Patients; A Nested Case-Control Study. *Ann Intern Med*, 152：418-425 (2010).
13) 鮫島秀弥, ほか：一般臨床医のための認知症における精神症状と行動障害対応マニュアル．6-7, 鹿児島県医師会鹿児島県医師国民健康保険組合 (2009).
14) 室伏君士編：老年期の精神科臨床．第4版, 金剛出版, 東京 (1984).
15) 小阪憲司, 池田　学：レビー小体型認知症の臨床．81-82, 医学書院, 東京 (2011).
16) Carignan AM, ed.：Gerontological nursing (Nsna Review Series). 195-196, Delmar Publishers, Detroit (1995).

第6章

居宅介護における認知症の行動・心理症状への対応(量的分析2)

　本章では,認知症の行動・心理症状(behavioral and psychological symptoms of dementia；BPSD)の改善に対し効果があった事例について質問紙調査を行った結果を,収集した204事例のうち,居宅介護72事例について統計的に分析する.コレスポンデンス分析により,自宅に暮らす認知症高齢者について,改善したBPSDと行われた対応・介入行動の関係を明らかにし,在宅ケアにおけるBPSDへの効果的介入・対応方法について検討する.

I. 研究の背景と意義

　BPSDは病気に直接由来する以外に,2次的な要因によって発生することも多いことが広く知られている[1].よって,薬物療法だけではなく環境や家族介護者への働きかけを含む非薬物的対処方法が研究され,エビデンスも蓄積されてきた[2].
　しかし,回想法や音楽療法など非薬物療法の効果について測定する研究は散見されるが,日々の介護のなかで行われるさまざまな対応とBPSD改善との関連を実証する研究は少ない[3].第5章ではすでに述べたとおり,施設におけるBPSD改善事例を分析し,ひとりの認知症患者に

BPSDが複数存在し，介入・対応も複数行われていること，またBPSDの種類と改善に結びついた介入には関連性があることを明らかにした．

そこで，本章では居宅介護サービスにおけるBPSDへの効果的介入・対応を明らかにすることを目的として，BPSDの軽減に成功した居宅介護の事例を分析する．

Ⅱ．研究方法

1．研究の方法，調査対象，倫理的配慮，調査項目，変数の選定と作成

調査方法，調査対象，倫理的配慮，調査項目については第4章のとおりであり，変数の選定と作成方法については，第5章のとおりである．使用した変数を，表6-1に示す．

2．分析対象者

回収数は204件であったが（有効回収率51％），在宅ケアに限定した分析とするため，施設・グループホームに入所している者130件を除き，さらに明確に自宅の記載がない2事例は，分析対象から除外し，在宅事例72件を分析対象とした．

分析対象者の基本属性の最頻値は，次のとおりである．性別は，女性の76.9％，年齢階級は，80歳代の44.6％，原因疾患は，アルツハイマー型の43.1％であった．

介入前の指標は，介護度が要介護2の38.5％であった．介入・対応期間の中央値は0.7年，最頻値は0.4年，0.5年，0.6年であった．基本属性の最頻値を表6-2に示した．

表 6-1 解析に利用した変数

区分	変数		カテゴリ
BPSD	被害妄想 暴言 暴力 多動 同話 迷子 幻視 大声	無断外出 感情失禁 抵抗 収集癖 昼夜逆転 徘徊 排泄 無気力	改善　維持・悪化
介入行動	服薬調整管理 慢性疾患対応 低栄養対応 うつ状態対応 疲労睡眠不足対応 身体不快対応 本人生活ペース確保 日常生活リズム確保 なじみない環境改善 落ち着く場所確保 課題難易度軽減 自力可能課題実施 出会い交流機会確保	会話時間確保 指示的口調禁止 返事時間待機 嫌がる勧め禁止 声かけ・見守りの実施 家族等精神疲労対応 家族等身体疲労対応 家族等介護負担対応 家族等ストレス不安対応 家族等本人意思疎通対応	介入　非介入

(注)属性変数を除く.

3. 解析方法

　解析は多重コレスポンデンス分析を利用した．BPSD項目と介入・対応行動項目の各変数のカテゴリ・ポイントから布置図を作成して，改善のあったBPSD変数と，実施された介入・対応行動の変数間の結びつきを，図上で分析した（図6-1）．解析は，統計パッケージSPSS 19Jを用いた．

表6-2 分析対象者の基本属性

		度数	%
分析対象		72	100.0
性別	女性	51	70.8
	男性	21	29.2
年齢階級	60歳代	2	2.8
	70歳代	17	23.6
	80歳代	45	62.5
	90歳代	7	9.7
	合計	71	98.6
	欠損値	1	1.4
原因疾患	アルツハイマー型	34	47.2
	血管性	11	15.3
	老年性(不明)	23	31.9
	合計	68	94.4
	欠損値	4	5.6
介護度	要支援	4	5.6
(介入前)	要介護1	23	31.9
	要介護2	20	27.8
	要介護3	12	16.7
	要介護4	10	13.9
	要介護5	3	4.2
介入期間	1年未満	27	37.5
	1年以上	42	58.3
	欠損値	3	4.2
	平均値±SD	1.7年±1.3年	-

Ⅲ. 結　果

　BPSDの「改善」変数の分布と介入・対応行動の「介入」変数は，相互に重なり合って分布し，他方，BPSDの「維持・悪化」変数と「非介入・対応」変数は，それぞれ「改善」「介入・対応」とは分離して分布していた．よって，介入・対応行動とBPSDの「改善」の間には関

第6章　居宅介護における BPSD への対応（量的分析2）

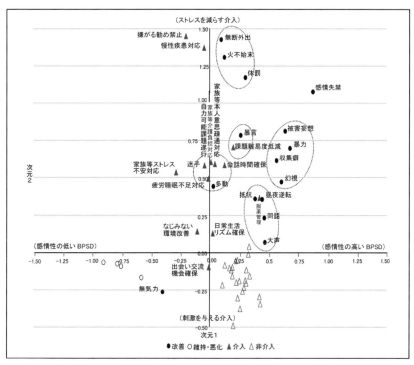

注）欠損地を除外した．
図 6-1　BPSD と介入・対応行動の布置図

連性のあることが認められた．

「改善」したBPSDと介入・対応行動のグループは，変数間の結びつきから，第1群から第5群までが判別できた．表6-3に，各群の変数の値を示した．

第1群は，BPSD「介護への抵抗」「昼夜逆転」「同じ話の繰り返し」「大声をあげる」と介入・対応行動「服薬調整管理」から構成された．

第2群は，「落ち着きがないことがあった（多動）」「外出して戻れなくなることがあった（迷子）」の2つのBPSDと，「家族・介護者の本人に対するコミュニケーションへの対応（家族等本人意思疎通対応）」

表6-3 BPSDと介入・対応行動のグループ各群の変数の値

群	区分	変数名	変数の値	
			第1軸	第2軸
第1群	BPSD	抵抗	0.387	0.359
		昼夜逆転	0.445	0.352
		同話	0.467	0.228
		大声	0.471	0.065
	介入行動	服薬調整管理	0.42	0.359
第2群	BPSD	迷子	-0.049	0.578
		多動	0.028	0.44
	介入行動	自力可能課題遂行	-0.043	0.583
		疲労睡眠不足対応	-0.015	0.488
		家族等介護負担対応	0.01	0.605
		家族等本人意思疎通対応	0.041	0.594
		会話時間確保	0.125	0.582
第3群	BPSD	暴言	0.265	0.787
	介入行動	課題難易度低減	0.197	0.702
第4群	BPSD	収集癖	0.57	0.614
		幻視	0.61	0.471
		被害妄想	0.646	0.811
		暴力	0.685	0.697
第5群	BPSD	無断外出	0.95	1.426
		火始末	0.125	1.303
		徘徊	0.302	1.171

「家族・介護者の介護負担への対応（家族等介護負担対応）」「時間がかかっても自分でできることをやってもらった（自力可能課題遂行）」「疲労・睡眠不足への対応（疲労睡眠不足対応）」という4種類の介入・対応行動から構成されていた．「多動」「迷子」は「徘徊」と似通ったBPSDと思われたが，「多動」「迷子」の「改善」変数と「徘徊」の「改善」変数は，布置図のうえからは関連を確認できなかった．

よって，第2群のBPSDは，徘徊よりも軽度の不安や見当識障害を原因とする「不穏な気分や行動」であり，家族の本人に対するコミュニケーション改善のための支援や介護負担の軽減および，本人の疲労や睡眠不足に対応し，自分でできることをしてもらうという介入・対応行動で，「不穏な気分や行動」が改善されることが示唆された．

第3群は，「暴言」のBPSDに対し，介入・対応行動は「課題難易度低減」であった．他の群に比べて緩い関連ではあるが，仕事や役割を与えることで，暴言をいう機会を少なくするという方略は，行動科学の原則からもあり得る介入である．マイナスの行動を修正するのではなく，プラスの行動を増やすことで行動変容を図りBPSDを減らす介入は理解できる．

第4群は，「収集癖」「幻視」「被害妄想」「暴力」であった．関連した介入・対応行動は，みられなかった．

第5群は，「無断外出」「火始末」「徘徊」のBPSDのみによって構成された．「火の始末」の内容は，「鍋を焦がす」とともに「煙草の火の不始末」が多く，在宅という環境特有のBPSD群であったが，特定の介入・対応の効果は明示されなかった．

Ⅳ．考　察

1．家族・介護者支援の効果

1）サービス利用促進と教育

第2群からは，家族・介護者への介入が効果的であることが示されたが，その内容は「介護負担への対応」と「本人に対するコミュニケーションへの対応」であった．「家族・介護者の介護負担への対応」は，記述されたデータの内容が「サービス利用促進」22件と「傾聴・助言」5件に分類できた．つまり，「家族・介護者の介護負担への対

応」は実質的には「サービス利用促進」であった．

　また「疲労・不眠への対応」10事例のうち，デイサービス等で日中活動を活発化した事例が半数であった．これらの結果から考察すると，「疲労・不眠への対応」も実態として「サービス利用促進」の割合が多い．

　デイサービスやショートステイなどの「サービス利用促進」が家族・介護者の負担を減少させ，在宅介護を持続させるとの先行研究は複数存在しており[4,5]，本研究も先行研究を支持する結果となった．

　「家族・介護者の本人に対するコミュニケーションへの対応」は，記述されたデータの内容が「適切なコミュニケーションへの助言」6件，「認知症の理解促進」2件，「本人の外出や会話の機会を増やす助言」2件，「ケアマネジャーの態度による家族の変容」2件であった．「ケアマネジャーの態度による家族の変容」は，次のように記述されていた．

「ケアマネが訪問の際，本人の話をさえぎらずにまずは聞くという姿勢を取っていたため，近くに住む次女も徐々にそういった姿勢を示してくれるようになり，本人も萎縮をしないで話せるようになった」
「介護者が周りの人々への信頼感をもつようになると介護者自身にも余裕ができ，それが本人にも伝わり，関係がよくなってきているようである」

　ケアマネジャーの家族支援の苦心が伺われるデータである．このような方法も含めて，「適切なコミュニケーション」や認知症介護について家族・介護者の教育がなされることの効果が明らかになったといえよう．介護者を心理的に支援し教育することで，介護者のストレス状態を改善できることは，従来の先行研究も明らかであり[6,7]，最近の研究でも，コミュニケーションの方略を向上するような家族・介護者支援をすることが介護負担軽減につながることが示されている[8]．

　わが国でも「介護者に対する指導は，認知症患者の抑うつ，不安，興奮などを改善」すると考えられてきた[9]が，本調査の結果では，そのなかでも具体的に「不穏な気分や態度」の改善に効果がある可能性が示

された．

2）インフォーマル・ネットワーク支援の重要性と課題

布置図に示されたもうひとつの家族・介護者支援方法として「家族・介護者のストレスや不安への対応」がある．

家族・介護者のストレスは施設入所のリスク要因であり[10]，BPSDの存在が家族・介護者のストレスを増加させることも[11]，先行研究が明らかにしている．同様に，本調査で「家族・介護者のストレスや不安への対応」の効果が示唆されたことは，サービス利用促進や教育にとどまらず，ケアマネジメントの直接的サービスであるインフォーマル・ネットワーク支援を強化することの効果が確認されたと解釈することができる．

しかし，その方法は「サービス利用促進」に偏る傾向があるといわざるを得ない．インフォーマル・ネットワーク支援も実際はもっと多岐にわたって行われ，効果も上がっているにもかかわらず，ケアマネジャー自身がそのことを意識化できていないのではないだろうか．たとえば，家族・介護者のうつ症状は出現頻度も高く，ケアマネジメントのインフォーマル・ネットワーク支援の主要部分であると思われるが，「家族・介護者のうつ・精神的疲労への対応（家族等精神疲労対応）」に分類できる記述データが少なく，介入変数は布置図に図示できなかった．

2．服薬の「調整と管理」の効果

認知症高齢者の在宅介護にとって「昼夜逆転」は，対処がもっとも困難なBPSDのひとつである．大西らの調査によれば，「不眠」は家族介護者が住む場所を変えなければならなかったことと有意な相関があった[12]．つまり，「昼夜逆転」があるとだれかが夜間の見守りをし

なければならず，それまで別に暮らしていた家族が同居せざるを得ないことになる．「介護への抵抗」も「失禁してもオムツや衣類を交換させてくれない」など排泄介助の拒否が半数に及び，対処が困難なBPSDである．

　これらの改善に関連するする介入行動は「服薬の調整と管理」8件であったが，そのうち専門医による服薬を開始したものが5件，服薬内容の調整が2件，中止による改善が1件であった．認知症患者の薬物療法は，抗精神病薬の使用による攻撃性のBPSDへの対処が予想されるが，全国13の医療機関での実態調査によれば，意外にもBPSD悪化要因の25.4％は，前任の担当医師が処方した薬の影響であった[13]．本研究でも，服薬内容の変更や中止による改善事例が含まれており，認知症ケアにおける服薬は開始と同時に認知症患者の状態に合わせた「調整」や「管理」が必要であることが示唆された．

　BPSDへの薬物の使用は，肺炎や心臓障害などの副作用により死亡率が高くなることが知られており[14]，慎重な対応が必要である．アメリカ家庭医協会（American Academy of Family Physicians；AFP）の治療ガイドラインでも，まず非薬物療法を行い，効果がなかったときに薬物療法を開始すべきであるとしている．また「服薬量と期間を削減し，薬物治療が複雑になることを抑制してくれるだろう」と理由を明記して，薬物療法を行わざるを得ないときでも，非薬物療法の併用を推奨している[15]．

V．結論と今後の課題

　「不穏な気分や行動」のある利用者に対しては，家族・介護者への「教育」や「サービス利用の促進」「時間がかかっても本人のできることをやってもらうこと」が効果的であり，「昼夜逆転」「介護への抵抗」の改善には，「服薬の調整と管理」が関連していたことが確認

された．

　これらの知見は，先行研究の結果と一致するものであった．さらに，先行研究では明らかにされなかった特定のBPSDとの関連を明示しており，改善事例の分析研究が認知症ケアマネジメントの開発に貢献する可能性が示唆された．

　施設において行われている介入・対応と明らかに違うところは，家族介護者への支援が含まれることであった．しかし，「家族・介護者のうつ・精神的疲労への対応（家族等精神疲労対応）」「家族・介護者の介護負担軽減」「家族・介護者のストレスへの対応」の記述データの内容が，サービス提供促進に偏重していたように，実際の介護現場では細かく家族をアセスメントして支援しているわけではない実態も示唆された．

【文献】

1) Peterson R ed.：Mayo Clinic on Alzheimer's Disease. 1st ed.,70, Mayo Foundation for medical Education and Research, Minnesota, U.S.A. (2002).
2) Rabins P, et al.：Practice guidelines for the treatment of patients with Alzheimer's disease and other dementias. *American Journal of Psychiatry*, 164 (Suppl.12)：5-56 (2007).
3) Kverno KS, et al.：Research on treating neuropsychiatric symptoms of advanced dementia with non-pharmacological strategies, 1998-2008：a systematic review. *International Psychogeriatrics*, 21(5)：825-843 (2009).
4) Lawton MP, Brody EM, Saperstein AR：A controlled study of respite service for caregivers of Alzheimer's patients. *Gerontologist*, 29：8-16 (1989).
5) Wimo A, Mattsson B, Adolfsson R, et al.：Dementia day care and its effects on symptoms and institutionalization; a controlled Swedish study. *Scandinavia Journal of Primary Health Care*, 11：117-123 (1993).
6) Gerdner LA, Buckwalter KC, Reed D：Impact of a psycho-educational intervention on caregiver response to behavioral problems, *Nursing*

Research, 51(6)：363-374 (2002).

7) Morris LW, Morris RG, Britton PG：Cognitive style and perceived control in spouse caregivers of dementia sufferers. *British Journal of Medical Psychology*, 62：173-179 (1989).

8) Savundranayagam MY, Orange JB：Relationships between appraisals of caregiver communication strategies and burden among spouses and adult children. *International Psychogeriatrics*, 23：1470-1478 (2011).

9) 水上勝義：アルツハイマー型認知症の特徴とケアのポイント．日本認知症ケア学会誌, 10(1)：124 (2010).

10) Haley WE, Pardo KM：Relationship of severity of dementia to caregiving stressors. *Psychology and Aging*, 4：389-392 (1989).

11) Leggett AN, Zarit S, Taylor A, et al.：Stress and Burden Among Caregivers of Patients with Lewy Body Dementia. *Gerontologist*, 51(1)：76-85 (2011).

12) 大西丈二, 梅垣宏行, 鈴木裕介, ほか：痴呆の行動・心理症状 (BPSD) および介護環境の介護負担に与える影響．老年精神医学雑誌, 14(4)：465-473 (2003).

13) 中野正剛, 宮村季浩, 平井茂夫, ほか：認知症に伴う行動・心理症状 (BPSD) への医療介入に関する実態調査．老年精神医学雑誌, 22(3)：313-324 (2003).

14) 植木昭紀：認知症の抗精神病薬療法；精神病症状, 攻撃性に対して．老年精神医学雑誌, 19(増刊2)：71 (2008).

15) Cummings JL, Frank JC, Cherry D, Kohatsu ND, et al.：Guidelines for managing Alzheimer's disease：Part II Treatment. *American Family Physician*, 65 (12)：2525-2534 (2002).

第 7 章

総 括

Ⅰ. 認知症ケアマネジメントの実態

　認知症の診断は，一度獲得された認知機能が低下すること，そのことにより日常生活遂行が困難になったという，いわば 2 軸の基準で行われべきであるが，わが国では，日常生活自立度のみによって認知症を推定する方法も広範に使用されてきた．1993 年 10 月 26 日に発表された 厚生省老人保健福祉局長通知（老健第 135 号）によれば，痴呆性（認知症）老人の日常生活自立度の判定基準は 4 段階に区分されており，表 7-1 に示したとおりである[1]．日常生活について，①自立している，②見守りが必要である，③一部介助が必要である，④全面介助が必要である，の 4 段階に区分されている．この基準は，現在でも介護保険による要介護認定審査にも使用される基準であり，厚生労働省はその資料をもって要介護認定を受けた高齢者の約 6 割は「見守り」が必要なⅡ以上のレベルの状態にあるとして認知症対策の根拠としている[2]．

　重要なことは，認知症の重症度はランクⅡまでは日常生活動作（activities of daily living；ADL）や認知機能で説明されているが，ランクⅢ以上になると「やたらに物を口に入れる，物を拾い集める，

表 7-1 痴呆性老人の日常生活自立度判定基準

ランク	判断基準	みられる症状・行動の例	判断にあたっての留意事項および提供されるサービスの例
I	何らかの痴呆を有するが，日常生活は家庭内および社会的にほぼ自立している．		在宅生活が基本であり，ひとり暮らしも可能である．相談，指導等を実施することにより，症状の改善や進行の阻止を図る．具体的なサービスの例としては，家族等への指導を含む訪問指導や健康相談がある．また，本人の友人づくり，生きがいづくり等，心身の活動の機会づくりにも留意する．
II	日常生活に支障をきたすような症状・行動や意思疎通の困難さが多少みられても，だれかが注意していれば自立できる．		在宅生活が基本であるが，ひとり暮らしは困難な場合もあるので，訪問指導を実施したり，日中の在宅サービスを利用することにより，在宅生活の支援と症状の改善および進行の阻止を図る．具体的なサービスの例としては，訪問指導による療養方法等の指導，訪問リハビリテーション，デイケア等を利用したリハビリテーション，毎日通所型をはじめとしたデイサービスや日常生活支援のためのホームヘルプサービス等がある．
IIa	家庭外で上記IIの状態がみられる．	たびたび道に迷うとか，買物や事務，金銭管理等それまでできたことにミスが目立つ等	
IIb	家庭内でも上記IIの状態がみられる．	服薬管理ができない，電話の応対や訪問者との対応等ひとりで留守番ができない等	
III	日常生活に支障をきたすような症状・行動や意思疎通の困難さがみられ，介護を必要とする．		日常生活に支障をきたすような行動や意思疎通の困難さがランクIIより重度となり，介護が必要となる状態である．「ときどき」とはどのくらいの頻度を指すかについては，症状・行動の種類等により異なるので一概には決められないが，一時も目を離せない状態ではない．在宅生活が基本であるが，ひとり
IIIa	日中を中心として上記IIIの状態がみられる．	着替え，食事，排便，排尿が上手にできない，時間がかかる．やたらに物を口に入れる，物を拾い集める，徘徊，失	

Ⅲb	夜間を中心として上記Ⅲの状態がみられる.	禁,大声,奇声をあげる,火の不始末,不潔行為,性的異常行為等 ランクⅢaに同じ	暮らしは困難であるので,訪問指導や,夜間の利用も含めた在宅サービスを利用しこれらのサービスを組み合わせることによる在宅での対応を図る. 具体的なサービスの例としては,訪問指導,訪問看護,訪問リハビリテーション,ホームヘルプサービス,デイケア・デイサービス,症状・行動が出現する時間帯を考慮したナイトケア等を含むショートステイ等の在宅サービスがあり,これらを組み合わせて利用する.
Ⅳ	日常生活に支障をきたすような症状・行動や意思疎通の困難さが頻繁にみられ,常に介護を必要とする.	ランクⅢに同じ	常に目を離すことができない状態である.症状・行動はランクⅢと同じであるが,頻度の違いにより区分される. 家族の介護力等の在宅基盤の強弱により在宅サービスを利用しながら在宅生活を続けるか,または特別養護老人ホーム・老人保健施設等の施設サービスを利用するかを選択する.施設サービスを選択する場合には,施設の特徴を踏まえた選択を行う.
M	いちじるしい精神症状や問題行動あるいは重篤な身体疾患がみられ,専門医療を必要とする.	せん妄,妄想,興奮,自傷・他害等の精神症状や精神症状に起因する問題行動が継続する状態等	ランクⅠ～Ⅳと判定されていた高齢者が,精神病院や痴呆専門棟を有する老人保健施設等での治療が必要となったり,重篤な身体疾患がみられ老人病院等での治療が必要となった状態である.専門医療機関を受診するよう勧める必要がある.

徘徊,失禁,大声,奇声をあげる,火の不始末,不潔行為,性的異常行為等」のBPSD (behavioral and psychological symptoms of dementia;認知症の行動・心理症状)が症状・行動例に挙げられ,ラ

ンク M（著しい精神症状や問題行動あるいは重篤な身体疾患がみられ，専門医療を必要とする）では「やたらに物を口に入れる，物を拾い集める，徘徊，失禁，大声，奇声をあげる，火の不始末，不潔行為，性的異常行為等」と BPSD の深刻さと対応の困難さによって認知症の「自立度」が区分されていることである．認知機能の低下，つまり認知症の進行によって BPSD は深刻化することはしばしば起こる．しかし，BPSD は固定化されたものであろうか．「ランク I ～IV と判定されていた高齢者が」ランク M となるという「痴呆性老人の日常生活自立度判定基準」の記述をみると，認知機能の低下とともに BPSD は増加し，著しくなることを前提にしていると解釈することも可能である．また，BPSD が著しくなった時点で精神病院等に入院・入所させるというこの基準の示唆するところは，つまりは BPSD には改善がみられず，自宅や老人福祉施設では対応できないことを前提にしているかのようでもある．

　もちろん，BPSD が認知症の進行とともに変化していくことは，海外の研究でも明らかにされているところである．アメリカでは，2 万人の 51 歳以上の市民を対象とするコホート研究（the Health and Retirement Study; HRS）が行われ，その一環として，認知障害・認知症の出現とその結果生じる問題についての研究（the Aging, Demographics, and Memory Study; ADAMS）が行われている．ADAMS のデータは HRS のホームページで一般に公開されており，その分析を行ったデューク大学とミシガン大学の共同研究によると，認知症の進行度により出現する神経精神症状（BPSD）は，異なっていた．軽度では 45.5％に神経精神症状（BPSD）が出現するが，中度では 74.3％に増加し，重度になると 69.6％とやや減少する．神経精神症状の内容では，うつ，無気力，異常な運動行動が重度になると増加し，ADL や手段的日常生活能力（instrumental activities of daily living；IADL）を損なうことが示唆されている．しかし，妄想，幻覚，

不安といった神経精神症状は中度に比較して，重度では減少している[3]．

　認知症の人が，認知機能の低下とともに BPSD を発症し，やがては BPSD が悪化することにより在宅生活が続けられなくなるというシナリオではなく，むしろ ADL や IADL の低下により終末期ケアの段階となり，在宅生活が続けられなくなるリスクを負う，という道筋が認知症の在宅介護といえよう．

　第1章で述べたとおり，ケアマネジメントの役割は早期の不適切な入院を避けることにより，利用者の QOL（quality of life；生活の質）を高く保つことである．そうであるならば，認知症ケアマネジメントの役割は，「精神病院や痴呆（現在では認知症）専門棟を有する老人保健施設等」の入院・入所を予防し，できる限り長く在宅生活を維持することである． BPSD が深刻化することが避けられないことであり，入院・入所することがゴールならば，認知症ケアマネジメントは成立しない．

　第1章では，わが国において，認知症ケアマネジメントが行いにくい状況にあることについても述べた．介護保険の居宅介護支援事業運営基準において，ケアマネジメントのガイドラインが示されており，利用者や家族への情報提供やケアプランの作成，医療サービスとの連携によるケアプランの実施，モニタリングなどが明示されてはいる．しかし，ケアマネジャーの業務は保険給付管理業務と並行して行うことが求められており，また，ケアマネジャーは介護サービス事業者が行っており，その所属する法人のために利益を図らなければならない立場にある．このような体制のもとでは，ケアマネジャーが認知症ケアマネジメントの焦点である BPSD の発生予防と深刻化防止についての知識や技術の専門性を保障していくことが困難である．

　そうした専門性をめぐる困難な状況の改善を行うにしても，認知症ケアマネジメントの理論的根拠として，BPSD を焦点とした認知症ケアマネジメントのガイドラインが必要となることは明らかである．

Ⅱ. 認知症ケアマネジメント開発と実証研究の重要性

第2章では，認知症ケアマネジメントのガイドラインについて海外の文献研究を行い，次のような認知症ケアマネジメントのプロトコルを明らかにした．

1）認知症ケアマネジメントのプロトコル
①認知症が疑われたときには，記憶障害だけでなく生活機能喪失の履歴が重要であるため，医療機関の受診にあたっては，家族からの情報が伝えられるように留意する．
②本人の疾患，特に糖尿病や心臓病，また認知機能低下に影響を与える身体的症状に留意したケアプランを立て，モニターする．デイサービス，ホームヘルプ，ショートステイと同時に転倒予防，感染症予防の対策もケアプランに組み入れる．
③ケアマネジャーは，家族介護者を支援し，特に，BPSDに対する個別化した対処法を家族が習得することを支援する．
④身体機能面での依存，興奮，夜間の徘徊，失禁などのBPSDが発生すると，家族のストレスは増大し，施設入所のリスクが高まる．攻撃性のBPSDがあっても，在宅生活は可能だが家族と本人のQOLのバランスによって施設入所は，考慮されるべきである．

2）BPSDを焦点とした研究の必要性
海外の文献研究を通じて，認知症ケアマネジメントのプロトコルが明らかになったが，特にBPSDの存在が，家族介護者の介護負担感を増大させ，在宅生活の維持を困難にさせる大きな要因であることがわかった．さらに，第3章では，現実の事例でもBPSDの発生を防止しBPSDの悪化を軽減する方法が存在することが示され，BPSDについての知識と介入・対応方法を，介護保険サービスの枠を超えてケア

マネジャーに普及することが，認知症ケアマネジメントの質を向上させる鍵であることを提示した．また，第3章に示した事例検討研究からは，家族に知識さえあればBPSDの発生や悪化を防止することが可能であり，認知機能障害が進行しても在宅医療との連携で再入院をすることなく在宅生活を維持できることが示された．

しかし，BPSDを軽減させる方法についても，わが国では研究の蓄積が少なく，RCT（randomized controlled trial；無作為比較試験）や実験的な方法での研究も困難である．エビデンス・レベルのⅠ・Ⅱにあたるような実証研究を実施するためには，BPSDを軽減させる経験知を明らかにし，そこに何らかの法則性があることを示すことが出発点であると思われた．

Ⅲ．BPSDを焦点とする認知症ケアの概要

既述の先行研究の分析から，統計分析に堪えられる数量のBPSDの改善事例を収集し，BPSDを軽減させる経験知を明示するための研究を着想した．質的研究からは，BPSDに効果のある介入・対応とはどのようなものか，全体的なイメージを示すことができたのではないかと考える．また，量的研究（多重コレスポンデンス分析）では，介護現場で行われているBPSDへの効果的介入・対応を統計的に分析することが可能であることを示すことができた．さらに，居宅介護のBPSD改善事例のみを量的に分析することで，施設で行われている介入・対応とは異なった傾向で効果が表れることも明らかになった．

その内容を改めて述べると，次のとおりである．

1．質的研究の結果について

BPSDの改善事例204の調査研究の質的分析から明らかになったこ

とは，第1に，非薬物的な介入・対応によって，BPSDが軽減するということであった．本調査の質的分析から，介護福祉現場には「生物学的要因」へのアプローチと「心理社会的要因」へのアプローチが存在しており，主として「心理社会的要因」へのアプローチによってBPSDが改善されている現状が明らかになった．したがって，痴呆性（認知症）老人の日常生活自立度の判定基準等でいう「治療」とは精神病院や老人保健施設の認知症専門棟で「生物学的要因」を対象として「治療」するのではなく，「心理社会的要因」を含めた介入・対応を目指されなければならない．まして身体を拘束したうえでの薬物療法に代表されるような「生物学的要因」の「治療」などは，認知症「治療」の概念とは対立するものであり，人間としての機能を削減することによりBPSDが軽減したようにみえるだけのことである．ソーシャルワークや臨床心理の技術を応用した「心理社会的要因」への働きかけを「治療」の一環として組み込むことが必要であるといえよう．

質的分析より明らかになった第2点は，BPSDを焦点とする認知症ケアマネジメントの概要である．①介護側のコミュニケーションの改善，②健康面への介入・対応，③環境面への介入・対応，④能力を維持するために本人に課す課題の工夫，⑤家族・介護者の状況への介入・対応，⑥事業マネジメントの改善，が認知症ケアマネジメントの6つの焦点であることが示された．

先に述べた文献研究によるプロトコルに組み込まれるべき「心理社会的要因」への介入とは，この6つの焦点を網羅するものであることが明らかになったといえよう．

2. 量的研究の結果について

さらに，第5章に示したとおり，この6焦点による「心理社会的要因」への介入の内容を具体的に明らかにするために量的な分析を行った．

第7章 総　　括

　老人介護施設における介入・対応がBPSDを改善した事例130件に多重コレスポンデンス分析を行った結果からは，介護職が行う日常のBPSD対応には，有効性に結びつく一定の傾向があることが示唆された．また，同時に，BPSDと関連する介入・対応がひとつのまとまりを構成する群を，4グループ抽出することができた（表5-3）．「攻撃性・行動性が高いBPSD」に対しては，「落ち着かせる介入」「混乱・失見当識によるBPSD」に対しては「社会性や残存能力への刺激」が有効であった．「幻視等，生理学的な原因によるBPSD」には「生活リズムの改善」が，「被害妄想等の精神症状」には「視覚低下への対応」が効果的であった．認知症改善事例の分析から得られた知見は，先行研究の結果と一致しているだけでなく，特定のBPSDと介入・対応行動の関連性について示すことができたことは，認知症ケアの現状分析が量的研究として成立することが示唆されたといえよう．

　さらに，改善されたBPSDには，何らかの介入・対応が関連していたことは，居宅介護を受けている認知症高齢者のBPSD改善事例70件の量的分析でも同様の結果となった．コレスポンデンス分析の結果では，施設における介入・対応とはやや異なった傾向が示されたが，これは在宅高齢者の場合はBPSDが家族介護者に及ぼす影響があること，また家族という環境により高齢者のBPSDが影響を受けるという2重の連鎖する条件が在宅ケアには存在することに原因があると思われた．海外文献研究による認知症ケアマネジメントのプロトコルに家族介護者支援の問題が含まれていることを支持する結果といえよう．また，介入・対応との関連は明示されなかったが，コレスポンデンス分析「火の不始末」（「鍋を焦がす」「煙草の火の不始末」）「無断外出」「徘徊」という在宅特有の問題がひとつの群を構成したことなど，コレスポンデンス分析を認知症BPSD研究に応用することが方法論として成立することが示されたといえよう．

Ⅳ．認知症を患う人を介護する家族への支援の現状

　2013 年度国民生活基礎調査によると，要介護高齢者のいる世帯の 27.4％がひとり暮らし世帯であり，残りの約 7 割は家族等と暮らしている．この要介護高齢者の主たる介護者は，61.6％が同居の家族・親族，9.6％が別居の家族・親族である[4]．このことから考えると多数の認知症高齢者は，家族による介護を受けており，家族介護者への支援は認知症ケアマネジメントの大きな要素となる．

　既述したとおり，文献研究から明らかになった有効な家族介護者への支援は，サービス利用の支援と同時に，個別ニーズに見合った教育支援であった．認知症の一般的知識の供与ではなく，介護を必要とする人自身の行動・心理特性に合わせた行動マネジメントの方法を教育することが重要である，と海外の認知症ケアガイドラインは指摘している．BPSD に対する「個別行動マネジメント」や「行動対処方略」を家族介護者に教育した場合に，家族のストレスを削減する効果は，エビデンスのレベルが最高位であった．

　これに対して，居宅介護における BPSD 改善事例の量的分析では，ケアマネジャーの家族介護者への支援が，認知症の高齢者本人にサービス提供を行うことにより負担を軽減するという，間接的な支援に偏る傾向がみられた．家族介護者への教育的支援についても介入・対応との関連はみられたものの，件数が少なかった．家族介護者への教育的支援が BPSD の個別対処法に焦点を合わせて行われるならば，改善される事例数も多くなることが予想された．

　第 1 章で述べたとおり，介護保険におけるケアマネジャーは介護サービス事業を提供する法人に属している．ケアマネジャーが事業者としての行動規範に忠実であるならば，収入を失うリスクとして，家族介護者への教育的介入や指導的態度を避ける可能性も考えられる．ケアマネジャー業務の独立性の問題と関連して，家族介護者への教育的

介入が回避される，あるいは困難となる現状が予見された．

　スウェーデンでは，社会サービス法改正により家族介護者への支援が各地方自治体（コミューン）に義務づけられた．その方法は各地方自治体に任されている．1人のカウンセラーをおくだけの相談センターから，オーレブロ市のように家族介護者のためのグループを組織するだけでなく，サウナやマッサージ，カフェを設備し，それを家族介護者が利用している間はその家族が介護している高齢者や障害者への対応まで行うセンターもある[4]．いずれのセンターにおいても，認知症ケアについての相談サポートは中心的業務となっているが，BPSDへの対応については2010年11月から登録を開始した全国センターBPSD-registretと連携して，個別ケアプランの試行とモニタリングを促進している[5]．

　介護保険のケアマネジャーがこれまで述べてきたような事情により，家族のBPSD対応への支援が困難であるとすれば，家族介護者支援を専門とする公的機関を市町村レベルで整備することも政策の選択肢のひとつであると思われる．

V．今後の研究課題

　本書では，ケアマネジメントの機能から議論をはじめ，認知症ケアマネジメントに求められる機能，認知症ケアマネジメントのプロトコルと焦点，その具体的内容について検討し明らかにしてきた．

　これまでの認知症ケアの効果についての研究は，事例報告や専門職の意見の質的研究であったことに対し，本書では統計的手法で特定のBPSDと効果的な介入・対応行動の関連を示した．本研究の手法により大規模な調査を行い，サンプル数を増やして関数の安定性を得ることで，さらに精度の高い研究も可能となろう．認知症改善事例の分析から得られた知見は，先行研究の結果と一致しているだけでなく，さ

らに特定のBPSDと介入・対応の関連を示すことができたことによって，コレスポンデンス分析の活用が認知症ケアマネジメントの開発に繋がる可能性が示唆された．

また，BPSD改善事例の研究は，レトロスペクティブな事例研究であり，ケアマネジャーの家族支援を充実するためのエビデンスを収集するには，プロスペクティブな研究を行うことが必要であると思われる．今回の調査方法をプロスペクティブな研究に応用することを今後の研究課題としたい．

【文献】
1) 厚生労働省老人保健福祉局長：痴呆性老人の日常生活自立度判定基準の活用について，1993 (http://www.ipss.go.jp/publication/j/shiryou/no.13/data/shiryou/syakaifukushi/483.pdf).
2) 厚生労働省老人保健福祉局：第47回社会保障審議会介護保険部会資料2，2013 (http://www.mhlw.go.jp/file/05-Shingikai-12601000-Seisakutoukatsukan-Sanjikanshitsu_Shakaihoshoutantou/0000021004.pdf, 2015.7.18).
3) Okura T, Plassman BL, Steffens DC, et al.：Prevalence of neuropsychiatric symptoms and their association with functional limitations in older adults in the United States; the aging, demographics, and memory study. *Journal of the American Geriatrics Society*, 58(2)：330-337 (2010).
4) 厚生労働省：2013年度国民生活基礎調査の概況 (http://www.mhlw.go.jp/toukei/saikin/hw/k-tyosa/k-tyosa13/, 2015.7.18).
5) Anhörigcentrum (http://www.orebro.se/491.html, 2105.7.25).
6) DemenseSam (http://demenssamorebro.se/riktlinjer_rekommendationer/, 2105.7.25).

(謝辞)

本書は，2005年度から2007年度の日本学術振興会科学研究費助成事業（基盤研究C17500376），2010年度から2012年度の日本学術振興会科学研究費助成事業（基盤研究C22530631）および2013年度から2015年度の日本学術

第 7 章 総　括

振興会科学研究費助成事業（基盤研究 B 25285170）を受けて行った研究の成果である．研究チームのメンバーである多賀努，久松信夫，横山順一の各氏の協力なくしては本書を書き上げることはできなかった．研究チームメンバーおよび調査にご協力いただいた皆さまに心から感謝申し上げたい．

【注】
(1) 第 1 章は，加瀬裕子：介護保険改革とケアマネジメント；国際比較からの展望．中島義明，木村一郎編，「健康福祉」人間科学，朝倉書店，2008 に加筆したものである．
(2) 第 2 章は，加瀬裕子：アルツハイマー型痴呆の診断・治療・ケアガイドライン．ケアマネジメントガイドライン老年精神医学会，老年精神医学雑誌，16(増刊号Ⅰ)：110-118 (2005) に加筆したものである．
(3) 第 3 章は，本書出版にあたり，新たに書き下ろした．
(4) 第 4 章は，加瀬裕子，多賀　努，久松信夫，ほか：認知症ケアにおける効果的アプローチの構造；認知症の行動・心理症状（BPSD）への介入・対応モデルの分析から．社会福祉学，53(1)：3-14 (2012) に加筆したものである．
(5) 第 5 章は，加瀬裕子，多賀　努，久松信夫，ほか：認知症の行動・心理症状（BPSD）と効果的介入．老年社会科学，34(1)：29-38 (2012) に加筆したものである．
(6) 第 6 章は，加瀬裕子，久松信夫：認知症ケアマネジメントの開発的研究；行動・心理症状（BPSD）改善を焦点として．介護福祉学，19(2)：157-165 (2012) に加筆したものである．

付録1 使用したガイドライン

Dementia Care Practice Recommendations for Assisted Living Residence and Nursing Home. Alzheimer's Association (2005) (www.alz.org/national/documents/brochure_DCPRphases1n2.pdf).

Depression: The Treatment and Management of Depression in Adults (Updated Edition). NICE Clinical Guidelines, No. 90, National Collaborating Centre for Mental Health, UK (2010).

Eccles M, Clarke J, Livingstone M, et al.: North of England evidence based guideline development project: methods of guideline development. *BMJ*, 312: 760-761 (1996).

National Collaborating Centre for Mental Health (UK): Dementia: A NICE-SCIE Guideline on Supporting People With Dementia and Their Carers in Health and Social Care. British Psychological Society, (NICE Clinical Guidelines, No. 42), Leicester, UK (2007).

Practice parameter; Management of dementia (an evidence-based review); Report of the Quality Standards Subcommittee of the American Academy of Neurology. *Neurology*, 56: 1156-1166 (2001).

付録2 参考文献

Challis D, Davies B: Case management in Community Care. Her Majesty Stationary Office, 1989 (窪田暁子, 谷口政隆, 田端光美訳, 地域ケアにおけるケースマネジメント, 光生館, 東京, 1991).

Department of Health Social Services Inspectorate & Scottish Office Social Work Services Group: Care Management and Assessment; Managers' Guide. Her Majesty's Stationary Office (1991).

Department of Health Social Services Inspectorate & Scottish Office Social Work Services Group: Care Management and Assessment; Practitioners' Guide. Her Majesty's Stationary Office (1991).

加瀬裕子:アルツハイマー型痴呆の診断・治療・ケアガイドライン;ケアマネジメントガイドライン. 老年精神医学雑誌, 16(増刊号):110-118 (2005).

加瀬裕子, 長寿社会開発センター:ケアマネジメント;チームケアとチームワーク (2009).

加瀬裕子:介護保険改革とケアマネジメント;国際比較からの展望. (中島

義明, 木村一郎編)「健康福祉」人間科学, 朝倉書店, 東京 (2008).

加瀬裕子：介護保険におけるケアマネジメントの現状と倫理的課題. ケアマネジメント学, 2：7-14 (2003).

加瀬裕子：介護保険の課題と展望；オーストラリアの在宅ケアとの比較から. 日本在宅ケア学会誌, 5(1): 15-19 (2001).

加瀬裕子：ケースマネジメントの展開；在宅老人福祉をめぐって. (日本社会事業大学編) 社会福祉の開発と改革, 72-90, 中央法規出版, 東京 (1990).

加瀬裕子：高齢者虐待対応システムの課題. 日本在宅ケア学会誌, 11(2): 12-19 (2008).

加瀬裕子：オーストラリア；高齢者の医療と福祉. 老人保健医療福祉の国際比較, 138-182, 日本社会事業大学, 東京 (1991).

加瀬裕子：多様化する高齢者の生活困難と社会福祉援助の専門性. (山崎久美子編) 臨床心理クライエント研究セミナー, 至文堂, 東京 (2007).

加瀬裕子：生協福祉活動の事例を読む. 生協総合研究所, 東京 (1996).

Maxly D：The Practice of Case Management. Sage Publications, 1989 (野中 猛, 加瀬裕子監訳, ケースマネジメント入門, 中央法規出版, 東京, 1994).

Pelham AO, Clark WF (eds.)：Managing Home Care for the Elderly; Lessons from Community-Based Agencies. Springer Publishing, 1986 (浅野 仁, 西尾雄吾監訳, ケースマネジメント, 相川書房, 東京, 1987).

Raiff NR, Shore BK：Advanced Case Management. Sage Publications (1993).

白澤政和：ケースマネジメントの理論と実際. 中央法規出版, 東京 (1992).

認知症ケアマネジメント

認知症の行動・心理症状に対処する技法

2016年7月15日　第1版第1刷
2016年9月30日　第1版第2刷

定　　価　（本体2,400円＋税）
著　　者　加瀬　裕子
発行者　　吉岡　正行
発行所　　株式会社 ワールドプランニング
　　　　　〒162-0825 東京都新宿区神楽坂4-1-1
　　　　　Tel ：03-5206-7431
　　　　　Fax：03-5206-7757
　　　　　E-mail：world@med.email.ne.jp
　　　　　http：//www.worldpl.com
　　　　　振替口座　00150-7-535934
印　　刷　株式会社 堀内印刷所

© 2016, Hiroko Kase
ISBN978-4-86351-113-2